Fabio Benites
Bruno Perrone
Mizael Silva

A ACADEMIA DE LEONARDO
Lições sobre Ética

A Academia de Leonardo - Lições sobre Ética
Copyright© Editora Ciência Moderna Ltda., 2012

Todos os direitos para a língua portuguesa reservados pela EDITORA CIÊNCIA MODERNA LTDA.

De acordo com a Lei 9.610, de 19/2/1998, nenhuma parte deste livro poderá ser reproduzida, transmitida e gravada, por qualquer meio eletrônico, mecânico, por fotocópia e outros, sem a prévia autorização, por escrito, da Editora.

Editor: Paulo André P. Marques
Produção Editorial: Aline Vieira Marques
Assistente Editorial: Laura Souza
Capa: Daniel Jara
Diagramação: Daniel Jara

Várias **Marcas Registradas** aparecem no decorrer deste livro. Mais do que simplesmente listar esses nomes e informar quem possui seus direitos de exploração, ou ainda imprimir os logotipos das mesmas, o editor declara estar utilizando tais nomes apenas para fins editoriais, em benefício exclusivo do dono da Marca Registrada, sem intenção de infringir as regras de sua utilização. Qualquer semelhança em nomes próprios e acontecimentos será mera coincidência.

FICHA CATALOGRÁFICA

TEIXEIRA, Fabio Roberto Benites; ROCHA, Bruno Perrone da; SILVA, Mizael Souza da.

Título

Rio de Janeiro: Editora Ciência Moderna Ltda., 2012.

1. Ética Social.
I — Título

ISBN: 978-85-399-0222-4   CDD 177.2

Editora Ciência Moderna Ltda.
R. Alice Figueiredo, 46 – Riachuelo
Rio de Janeiro, RJ – Brasil   CEP: 20.950-150
Tel: (21) 2201-6662/ Fax: (21) 2201-6896
E-MAIL: LCM@LCM.COM.BR
WWW.LCM.COM.BR

Agradecemos a todos amigos e familiares que nos ajudaram, de alguma forma, na produção desta obra, especialmente, Gustavo Bertoche e Leila Noronha com suas colaborações enriquecedoras.

Sumário

CAPÍTULO 01	1
CAPÍTULO 02	9
CAPÍTULO 03	19
CAPÍTULO 04	20
CAPÍTULO 05	25
CAPÍTULO 06	33
CAPÍTULO 07	37
CAPÍTULO 08	43
CAPÍTULO 09	47
CAPÍTULO 10	55
CAPÍTULO 11	61
CAPÍTULO 12	67
CAPÍTULO 13	73
CAPÍTULO 14	79
CAPÍTULO 15	83
CAPÍTULO 16	89
CAPÍTULO 17	95
CAPÍTULO 18	103
CAPÍTULO 19	109
CAPÍTULO 20	113
CAPÍTULO 21	119
CAPÍTULO 22	125
CAPÍTULO 23	133

CAPÍTULO 24 137
CAPÍTULO 25 143
CAPÍTULO 26 149
CAPÍTULO 27 155
CAPÍTULO 28 157
BIBLIOGRAFIA 161

A Academia...

O título do livro é uma homenagem e uma referência à Academia de Atenas, fundada por Platão, em 387 a.C.

Homenagem por se tratar de um marco na história da educação mundial. Referência, pois algumas situações vivenciadas pelo protagonista têm características comuns com as experiências vividas pelos membros da Academia de Platão. Considerada a primeira escola de Filosofia, os membros produziam o conhecimento e não simplesmente recebiam as informações prontas. O processo de aprendizagem primava pela busca individual e pela dialética, debate permanente entre os membros, que utilizavam método socrático, de constante questionamento.

Dessa forma, a presente obra tem por objetivo informar e incentivar a busca pelo conhecimento, além de desenvolver no leitor uma maior capacidade de análise e reflexão, facilitando seu caminho na busca do maior objetivo de toda humanidade, a felicidade.

... de Leonardo

CAPÍTULO 01

- Cecília?

A professora chamava um por um ao tablado para receber as provas corrigidas de Ciências. Entregava a prova e fazia um comentário, em particular, bem baixinho, sobre como cada um foi na avaliação.

- Diego Neves?

Eu espero ansiosamente a minha vez. Acho que consegui uma boa nota e quero muito mostrar para minha mãe. Mas meus colegas estão saindo bolados do papo com a professora, e parece que as notas não foram lá muito legais. Nem mesmo o Beto, um dos nerds da turma, parece muito contente.

- Heitor?

Esse é dos melhores! Arrebenta sempre; sabe tudo da matéria. Ih... mas parece que a professora está brigando com ele. Depois de um certo tempo, ele sai da conversa super triste e senta na minha frente. Eu pergunto:

- E aí, Heitor? Mandou ver, como sempre? – Heitor não responde – O que houve? Tá com uma cara péssima...

- Pô, cara, mandei malzão; tirei 4.0.

Caramba! Se ELE tirou 4.0, com certeza vou me ferrar.

- Júlia?

Está chegando minha vez e já estou até vendo o final de semana: eu estudando para a prova de recuperação, e meus amigos jogando bola no *play*. Minha mãe buzinando no meu ouvido: "você não valoriza o nosso investimento no seu estudo", "se continuar assim você não vai ser ninguém na vida" ou, então, "seu primo também não estudava e acabou vendendo enciclopédia de porta em porta".

- Leo?

Chegou a hora. Caminho até a professora com um misto de esperança e medo. Ela estende a prova, depois recua, coloca a mão no meu ombro e se abaixa para falar baixinho ao meu ouvido.

- Como você acha que foi na prova?
- Não sei, professora. Achava que tinha ido bem, mas os melhores alunos tiraram notas ruins.

- Quem foi que disse que VOCÊ não é um dos melhores alunos, Leo? Você sempre é muito modesto. Parabéns! Você tirou a melhor nota da turma.
A professora me entrega a prova e consigo ver um grande 9.5 estampado com um EXCELENTE!, ao lado, em letras garrafais. Fico louco de alegria. Tenho uma vontade doida de sair gritando, para todos, que tirei a maior nota da sala. Queria ter telepatia para poder me comunicar, no mesmo instante, com minha mãe e avisá--la da nota. Espera um pouco, não preciso de telepatia. Ao terminar a aula, eu ligo para ela do meu celular. Que ansiedade! Retorno para o meu lugar e passo a esperar o término do tempo de Ciências para ligar no recreio.
De repente, além da ansiedade, passo a ter uma outra sensação estranha. Parece que meus colegas de sala estão sumindo, as suas vozes e a da professora, chamando um por um, vão diminuindo, diminuindo, e ... estou escutando uma outra pessoa chamar pelo meu nome ... Conheço essa voz, é da minha mãe! Tenho vontade de atender seu chamado, quando, definitivamente, acordo e percebo com nitidez o chamado:
- LEO!? Vamos, acorde logo! Você já está atrasado para a escola!

* * *

Depois de levantar de sua cama e tomar um banho preguiçoso, Leo estava tão atrasado que não pôde tomar seu café da manhã com tranquilidade. Sua mãe preparou um pequeno sanduíche e lhe entregou junto com um achocolatado. Leo, todo atrapalhado, vai andando, empurrado pela sua mãe. O caminho da casa da família Gantes até a escola era rápido, durava cerca de 15 minutos, o que fazia com que Leo retardasse ainda mais o seu despertar, pois sempre achava que chegaria a tempo.
No carro, durante o curto trajeto, sua mãe dava o sermão de sempre, sobre como é importante acordar na hora, pois depois não toma café direito e os dois têm que sair correndo etc. Leo não presta atenção. Primeiro: já conhece todo roteiro, poderia até repeti-lo sozinho. Segundo: está com muito sono para prestar atenção.
O carro encosta na calçada da escola, a movimentação é grande, Leo olha para o relógio e ainda faltam 3 minutos. Ele se despede de sua mãe, que ainda reclama de alguma coisa, e sai do carro.

Em frente à escola, ele sente um tapinha nas costas:
- E aí, Leo? Beleza, cara?
Sid é seu melhor amigo. Estudam juntos desde a C.A, e, agora estão no 8º ano. Mudaram juntos para a mesma escola há dois anos. São super ligados, gostam das mesmas brincadeiras, dos mesmos filmes, torcem para o mesmo time de futebol.
- Tudo. Cara, tive um sonho muito sinistro. Sonhei que, na aula de Ciências, a professora entregava as provas, e todo mundo mandava malzão, mas eu não. Eu arrebentava, conseguia tirar a maior nota da turma, 9.5.
Sid cai na gargalhada. Depois, mais sério, responde:
- Vai ver que é uma premonição. Você lembra que a professora entregará as provas hoje?
- É mesmo! – Leo se lembra de que, na última semana, foram realizadas as provas e a professora ficou de entregar as notas na aula da semana seguinte. – Será que eu fui bem? Pensando bem, agora, eu não achei a prova difícil. Será que agora eu tenho poderes sobrenaturais?
Os dois amigos entram na sala de aula e procuram dois lugares próximos para sentarem juntos, como sempre.
- Bem...não sei se você tem, mas que seria show seria. Acho que você está precisando.
- Quê? Como assim? – Leo demonstra não entender muito bem o que Sid quis dizer.
No mesmo momento que encontram dois lugares lado a lado, o professor de Geografia entra na sala.
- A aula vai começar, depois a gente conversa. – Sid procura desconversar.
A aula de Geografia começa, e Leo tem dificuldade em se concentrar. Fica pensando somente no sonho e na conversa com o Sid.
- *Será que agora eu sou um vidente? Igual àqueles caras que aparecem na televisão no final do ano, fazendo previsões. Será que eu também consigo fazer previsões? Por exemplo, como seria o futuro das pessoas aqui na sala? Deixa eu ver... o Fernando fala sempre que gostaria de ser da Marinha, já consigo até vê-lo viajando o mundo todo a bordo de um navio. A Carmem vai ser uma grande cantora, artista de televisão. O Adriano? Ah, esse vai ser presidente, com certeza, do jeito que ele é nerd, nem cola ele dá. Vai ser muito importan...*
- Leonardo Gantes?! O que você está desenhando aqui?! Me dá aqui, que eu quero ver!
- Ih, professor, que foi? – Leo ergue a cabeça e encontra o olhar de reprovação

do professor, ao mesmo tempo em que esconde o papel que está sobre a sua mesa.
- O QUÊ que você está fazendo?
- Nada, não.
- Nada? Nada a ver com a aula é o que você quer dizer.
- Não, eu estou quieto aqui. Por que você vem me perturbar?
- O que tem nesse papel?
O professor pega o papel e não entende o que vê.
- Que desenhos são esses?
- São meus, me devolva e me deixa em paz?
- Aqui dentro de sala – apontando com o indicador para baixo – você não pode fazer o que quiser, entendeu? Não é a primeira vez que isso acontece. Já chamei sua atenção por isso, anteriormente. Agora, não há mais desculpa. Pode sair de sala. Vá direto para a direção!
Leo contrariado se levanta e começa a sair de sala e o professor ainda emenda:
- Ah, inclusive, leve esses desenhos e mostre para o Napoleão.
E agora mais essa. Leo tem que levar e mostrar os seus desenhos. Ele tem dificuldade de entender. No caminho, sua cabeça está repleta de dúvidas e revolta.

- Isso não está certo! Distraí-me um pouquinho, fiz alguns desenhos bobos, não atrapalhei ninguém, e ele me tira de sala. É sempre assim, esse professor me persegue.

No corredor, encontra com o inspetor de alunos Davi, que faz a pergunta óbvia:
- O que houve, Leo? Foi retirado de sala?
- O professor tá maluco! Eu estava quieto e ele me mandou sair...
- Já sei dessa história toda – cortando a fala do aluno – vamos lá, você sabe que tenho que te levar para o Napoleão.

O que Leo poderia falar? Esse é o procedimento. Napoleão era o diretor, que, por sinal, ele detestava e tinha a nítida sensação de que era recíproco[1]. No julgamento de Leo, o Napoleão nunca o compreendia e sempre dava duras punições.

O diretor tinha sido do exército antes de ser professor e era extremamente rigoroso. Ele era temido pelos alunos, e agora Leo estava nas suas mãos.

Junto com o Davi, Leo chega à secretaria. Ele pergunta pelo diretor, e a secretária avisa que ele ainda não chegou, o inspetor pede para que o aluno aguarde na secretaria.

* * *

---

1 recíproco: permutado, que se troca entre duas pessoas ou objetos

Passa mais de uma hora, e o diretor não chega. À medida que o tempo passa, Leo vai ficando mais ansioso, até porque começará a aula de Ciências, e ele está curioso, para saber a sua nota. Pergunta à secretária:

- Será que eu poderia voltar para a sala e quando o diretor chegar você manda me chamar?
- Por que você quer voltar para a sala?
- A professora vai entregar as provas, e eu fui bem. Queria pegar minha nota.
- Deixe eu verificar com o Davi.

Ela liga para o inspetor que consente com seu pedido.
- Tudo bem. Avisarei ao inspetor, e ele irá chamá-lo. Pode voltar para sala.
- *Que ótimo! Estava preocupado de não pegar a minha prova, logo dessa vez que fui bem.*

Quando Leo chega à sala, a professora está começando a entregar as provas.
- Cecília?

Quando Leo senta no seu lugar, percebe a movimentação dos seus colegas.
- *Está igualzinho ao meu sonho. Está tudo acontecendo novamente para mim. Já vivi essa cena e sei como termina. Agora é só esperar mais alguns nomes e pronto.*
- Leonardo Gantes?

É agora! Leo faz a sua caminhada triunfal[2]. Faz uma pose para esse seu grande momento. A professora estende a prova. Leo já sabe o que vai acontecer, ela irá recolher a prova e o chamará para conversar. Isso mesmo! Ela recolheu a prova, esticou a mão até o seu ombro e falou:
- Leo, como você acha que você foi?
- Bem, professora, sabe como eu sou modesto, acho que tirei uma nota razoável.
- É, se você acha 2.5 uma nota razoável, você conseguiu.
- QUÊ?? – Leo pega a prova rapidamente, pois não acredita no que a professora disse.
- É isso mesmo. Poxa, Leo, de novo. Mais um bimestre, mais uma prova e mais uma nota baixa. Você estudou?

Leo fica atordoado. Olhava para a prova, e o 2.5 estava meio embaçado, e não era a tinta da caneta, mas a mente do menino que embaralhava sua visão. A professora falava, mas ele nem conseguia escutar direito.
- Quê, professora?
- Perguntei se você estudou.

---
2 triunfal: vitoriosa

- Sim...claro...estudei MUITO.
- Leo, você sempre me fala isso, que estudou MUITO, temos que discutir agora o que é esse seu MUITO. Em sala, você não presta atenção. Eu sempre tenho que ficar chamando sua atenção. Sempre pego você desenhando.
- Que isso, professora? Sempre estou quieto.
- Não falei que você conversa ou faz qualquer tipo de bagunça, mas ficar atento e estudar é outra coisa.
- Como assim? – ainda bastante atordoado.
- Bem, tenho que terminar de entregar as provas, depois nós conversamos.

Leo retorna arrasado, bem diferente do seu sonho. Já tinha planejado tudo. Sua mãe iria chegar do trabalho e encontrar a sua prova presa na geladeira com aquele notão estampado. Ele iria estar no seu quarto esperando que ela abrisse a porta e dissesse "Leo, que notão! Parabéns, meu filho!".

Agora, ele deverá seguir o seu procedimento padrão: esconder a prova e falsificar a assinatura. Além de tudo isso, do 2.5 e suas consequências, a professora diz que ele não fica atento, que é bagunceiro. Leo não consegue entender, senta em sua cadeira e continua se sentindo perseguido:

- Tem um monte de gente na minha sala que toca a maior zona e não acontece nada e eu, que fico na minha, sou bagunceiro. Que injustiça!

* * *

Após o término da entrega das provas, a professora libera os alunos. Leo desce para o recreio, sozinho, fica perdido em seus pensamentos e frustrações.
- Leo? Leo?

Seu grande parceiro se aproxima.
- Leo? Tá viajando, cara?
- Sid, tô muito bolado.
- Já sei, você se deu mal na prova.
- Como é que você sabe?
- Ah, que pergunta, Leo. É alguma novidade você se dar mal em uma prova?

Leo fica um tempo calado e parece não ter uma resposta pronta. Já tinha ficado intrigado[3] com a observação do professor sobre seu comportamento, e agora seu melhor amigo está dizendo...
- Você está dizendo que eu sou burro? – Leo pergunta com uma voz de raiva.

---
3 intrigado: na dúvida

- Não, Leo. Calmaí, pega leve. Só estou dizendo que você costuma tirar notas baixas. Estou mentindo?

Leo está tão irritado que nem se lembra de como são suas notas. A raiva cega sua visão para o fato de que Sid tem razão, e o professor também.

- Vamos logo para a fila da cantina? – Sid, percebendo o estado do amigo, tenta mudar de assunto.

O pátio, assim como a própria escola, era muito grande, e, com tantos alunos no intervalo, a cantina não dava conta e sempre existiam enormes filas.

A dupla entra na fila, e Sid, tentando mudar o clima, pergunta sobre o jogo de futebol do final de semana.

- E agora, Leo? Com o técnico novo, nosso time vai engrenar!
- É, acho que vai. – Leo responde desanimado, até parece que participa obrigado da conversa.

Os dois chegam ao caixa e pedem o cheeseburger e o refrigerante de sempre. Depois, se juntam às dezenas de alunos que tentam pegar seus lanches com fichas na mão e muita disposição.

- Ih, cara, esquece a parada do professor. – Sid insiste, mas no momento a fome está mais forte que a frustração.
- Tá bom, já esqueci. – Leo responde por responder, está preocupado em conseguir um bom lugar para pegar seu sanduíche.

Depois de uns cinco minutos, os dois chegam na beira do balcão, e, aparentemente, serão os próximos. Porém, quando a tia da cantina estava pronta para pegar a ficha do Leo, uma enorme mão se estende por cima dele e passa a sua frente.

- Ei, tira essa mão daqui! – Leo grita e vira-se procurando o responsável pela "furada de fila", mas no tumulto não consegue achar o responsável.

Quando olha novamente para frente, a tia está trazendo um cheeseburger e um refrigerante, mas não entrega para Leonardo, mas para a mesma mão que entregou a ficha.

- Oh, tia! Qual é?! É a minha vez!

A tia não lhe dá atenção, com tanta gente com fome, não é hora para parar e ficar ouvindo as reclamações. Leo, enfurecido com a situação, espera a próxima saída de sanduíche e, quando a tia se prepara para fazer a entrega, ele dá um tapa na sua mão, joga o sanduíche no chão e espalha refrigerante pela cantina toda. E quando o grupo de adolescentes vê uma cena dessas, quase todos têm a mesma reação:

- Ehhhhhhh!!!!!!! – gritam.

* * *

CAPÍTULO 02

- Leonardo, você aqui de novo? O que houve?

Napoleão é um diretor que podemos chamar de tradicional. Os alunos morrem de medo dele. Havia servido o exército antes de tornar-se diretor e aplica muitas técnicas militares no cotidiano escolar. Exige disciplina de todos, inclusive dos professores. Agora Leo está na sua sala, repleta de diplomas e medalhas de honra ao mérito obtidos pelo próprio, nos tempos de vida militar. Leo não tem muitas esperanças de se sair bem, estando à mercê dos critérios bélicos[4] de Napoleão.

- O que você arrumou hoje?
- Diretor, na verdade, eu estava quieto na minha, esperando o meu lanche, quando furaram a fila da cantina...
- E como você se sentiu injustiçado, concluiu que tinha o direito de agredir a Dona Raquel. – Napoleão corta a fala do menino para colocá-lo em uma situação difícil.
- Passaram a minha frente! Eu deveria deixar e não fazer nada?!
- A maneira que você possui de dizer para todos que está sofrendo uma injustiça é dar um tapa na Dona Raquel? – o diretor insiste em colocar a tia da cantina na berlinda, buscando sensibilizar Leo, mas o aluno aparentemente não ouve.
- Existe outra maneira? Se eu falar com o Davi, ou vier aqui, ninguém fará nada. Não vou ficar de otário na situação.
- Primeiro: gostaria que você entendesse que a cantina na hora do intervalo fica muito cheia, e a Dona Raquel e os demais funcionários têm dificuldade de enxergar a vez de cada um.
- Mas...
- É a minha vez de falar, e a sua de escutar. – Napoleão não permite que Leo o interrompa.
- Segundo: nada justifica uma resposta violenta. NADA. Não estou dizendo que você deve aceitar uma injustiça calado, mas deve buscar uma solução pacífica[5], pautada no diálogo. Não considero isso como "ficar de otário".

Leo fica meio atônito, a tensão começa a baixar e a razão ganha espaço.

- Bem, resumindo, independente de qualquer coisa, você não pode agredir uma pessoa, ainda por cima uma senhora, muito menos dentro da escola. Mudando de assunto, o que houve na aula de Geografia?

---

4 bélicos: que diz respeito à guerra
5 pacífica: tranquila, relativa à paz

- Aula de Geografia? – Leo parece não se recordar.
- É, tenho aqui – pegou um papel na mesa – na minha mão, uma folha com uns desenhos e a informação do professor de que você estava desenhando na aula.
- Que desenhos?
- Isso mesmo – com uma voz bem mansinha – um navio, uma menina que aparentemente está cantando uma música, um menino com uma faixa presidencial...
- Ah, lembrei. Pois é, estava quieto na aula de Geografia, e o professor de repente me mandou sair de sala.
- Aparentemente, você não vê problema nenhum em estar desenhando na aula de Geografia. É isso mesmo?
- Que problema teria?
- Leonardo, vamos fazer o seguinte. Você está suspenso, estarei ligando para sua mãe vir até a escola, pois não consigo me ver participante de um diálogo para convencer uma criança do que ela deve ou não deve fazer, dentro de uma sala de aula, na escola. Seria muito difícil, eu acabaria me estressando demais e poderia até infartar. Pode sair, e esperar na recepção.
- Não acredito! Isso é muito injusto! E...
- Ei! – com um olhar ameaçador – Acho melhor você ir andando, antes que se complique mais.

Leo se levanta e está saindo cabisbaixo, quando Napoleão arremata:
- Acho melhor também você rever suas atitudes, e estudar mais, pois se for depender de seu talento para o desenho, você está frito!

* * *

Ao sair da sala do diretor, Leo encontra o inspetor Davi.
- E aí, Leonardo, foi suspenso, né?
- Fui – voz baixa desolada[6] – como você sabe?
- Uma hora a casa cai. A sua já estava à beira do precipício, prontinha para cair, faltava só uma leve brisa. Vem comigo que ligarei para a sua mãe.

Enquanto espera a liberação de sua mãe, Leo fica sentado na secretaria, pensando nos prováveis próximos acontecimentos.

- Minha mãe virá me buscar, conversará com o Napoleão que irá carbonizar o meu filme e vou ficar de castigo o resto do mês. Tudo culpa do professor de Geografia! Se ele não tivesse me tirado de sala, nada disso tinha acontecido. O Adolfo e o Zé zoneiam a aula o tempo todo e ele não faz nada. Comigo, é tudo diferente.

---

6 desolada: triste

O Napoleão é outro. Sempre me perseguindo. Não posso fazer nada que ele me dá uma advertência ou uma suspensão. Que absurdo!

Leo olha pela janela da secretaria e observa quando um Palio prata estaciona na calçada. Sua mãe chegou. Ele pensa: *"Estou ferrado!"* Leo observa seu rosto ao sair do carro e parece bem irritada.

- *Ela nem vai querer me escutar. Vai dar razão ao diretor como sempre. Se fosse meu pai, conversaria comigo, tentaria me ouvir. Com a minha mãe não tem nem papo, é castigo na certa.*

Ela entra na sala e se dirige diretamente à secretária, ignorando a presença de seu filho.

- Bom dia! O diretor Napoleão requisitou a minha presença. Eu sou a Joana Gantes, mãe do Leonardo.
- Sim, um minutinho. – responde a secretária, enquanto pega o telefone.

Joana percebe a presença de Leo, mas não se vira. Deve estar mais chateada dessa vez.

* * *

- Bem, Senhora Gantes, mais uma vez tenho que recorrer a sua presença.
- O que ele fez dessa vez?
- O Leonardo participou de dois episódios hoje.
- Dois?
- Dois, somente hoje. A situação que o trouxe até mim foi uma agressão a senhora Raquel, funcionária da cantina.
- Briga?
- Bem, você sabe que não é perfil do Leonardo a agressividade. Não é todo dia que ele participa de uma hostilidade[7] física, mas também não podemos afirmar, infelizmente, que é a primeira vez.
- Sim, eu sei.
- A outra situação aparentemente é mais simples. Aparentemente, porque, na minha visão, não é. Ele foi retirado de sala pelo professor de Geografia.
- Retirado de sala? De novo? – Joana que até o momento conversara olho no olho com o diretor, abaixa a cabeça e demonstra-se envergonhada.
- Sim, novamente ele tem uma prática não adequada para sala de aula, pelo menos nesta escola.
- O que ele estava fazendo?

---
7 hostilidade: agressão, provocação

- Desenhando durante a explicação do professor.
Após um breve silêncio, Napoleão continua.
- Esse momento, obviamente, é propício para que eu lembre a senhora da incidência do Leonardo nessa atitude.
Napoleão abre uma pasta de arquivo, de onde começa a retirar uma série de papéis, entre eles folhas desenhadas, advertências e documentos do aluno.
- O aluno foi suspenso, Senhora Gantes, pois é a sua SEXTA advertência, configurando sua segunda suspensão, somente no primeiro semestre. Tenho que informar-lhe que não é uma situação corriqueira e merece nossa máxima atenção.
- Sim, eu sei.
Joana está transtornada e não sabe o que pensar, muito menos o que falar para o diretor que parece pressioná-la. Após um tempo em um silêncio reflexivo:
- Senhor Napoleão, confesso estar um pouco perdida. Não sei bem o que fazer.
- Senhora Gantes, como eu falei não é um caso comum e exige uma resposta da família.
- Mas ele... ele tem tudo o que uma criança poderia ter. Tem uma família estável, minha relação com meu marido e a nossa com ele de forma geral é excelente. Tem amigos, brinquedos, uma boa escola, ...
- Nosso trabalho como educadores não acaba aí, Senhora Gantes. Temos que observar as necessidades específicas dos educandos[8]; no caso em que nos encontramos, as necessidades de seu filho.
- O senhor está tentando me dizer algo?
- Não. Não me entenda mal, senhora. Estou apenas sinalizando que, em certas situações, alguns jovens necessitam de um apoio extra.
- O senhor está sugerindo algum apoio pedagógico?
- Sim. Acho que um apoio ajudaria sim.
- Mas de que tipo?
- Neste momento, nossa conversa ultrapassa o meu conhecimento, pois não sou especialista na riqueza dos apoios psicopedagógicos existentes hoje no mercado. Pediria que a senhora conversasse com nossa orientadora, Gina Freire. Ela poderá, com certeza, oferecer uma contribuição valiosa nessa questão.
- Tudo bem, obrigada, e desculpe qualquer coisa.
- Senhora Gantes, gostaria de reforçar, antes da sua saída, que é muito importante que o Leonardo corrija esse comportamento, para que tenhamos a partir de hoje um relacionamento duradouro e mais produtivo.

---

8 educandos: alunos

Joana balança a cabeça, mas não responde e sai da sala do diretor.

Ao sair, lembra da última frase do Napoleão e percebe uma ameaça disfarçada, "relacionamento duradouro". Fica revoltada. Avalia: *"quem é ele para me ameaçar e ao meu filho?"* Tem vontade de entrar na secretaria e pedir a transferência do Leo. Mas depois se tranquiliza e percebe que não seria o melhor para seu filho. Ele deve encarar essa dificuldade, superar essa barreira e aprender com ela. Não pode fugir da dificuldade. O que estaria aprendendo? A fugir da primeira cara feia e ameaça que encontrar. Não, isso não. Vai ter que superar essa suspensão e se recuperar na escola.

- Oi, voltei. – Joana reaparece na secretaria com um sorriso amarelo - Gostaria de falar com a orientadora Gina.

- Só um segundo. – a secretária pega ao telefone para procurar a orientadora da escola.

Leo continua sentado na recepção. Quieto, como uma criança fica quando sabe que cometeu uma falha grave. Joana ainda ignora sua presença. O garoto conclui que a conversa com o Napoleão não foi boa, pelo menos, não foi boa para ele.

- Ela já pode atendê-la. – desligando o telefone - A senhora sabe o caminho?
- Sei sim.

* * *

- Bom dia, Joana, – Gina recebe Joana com uma polidez[9] e afeto característicos de sua personalidade, bem diferente da formalidade e frieza do Napoleão – como você vai?
- Dentro do possível, muito bem.
- A senhora está aqui para falar sobre o incidente ocorrido com o Leo hoje, não é?
- Sim, você já está sabendo?
- Estou. Quando acontece qualquer problema disciplinar na escola, eu sou automaticamente informada. Você quer falar sobre eles? Na verdade, foram dois.
- Não. Eu já conversei sobre esses episódios com o Napoleão. Eu queria outro conselho sobre que postura eu deveria tomar com o Leo. Estou um pouco perdida.
- Joana, o Leo não é nenhuma criança anormal, nenhum menino-problema sem solução.
- Isso já é tranquilizante.
- É sério. Nosso trabalho é verificar qual a sua dificuldade e buscar respostas

---

9 polidez: educação, cortesia

para esses problemas, e devo passar para a senhora que já tive situações mais problemáticas.

- O que a senhora sugere?
- Vamos sistematizar nossa análise. Essa é a sexta advertência, certo? Deixe-me pegar os motivos das demais.

Gina levanta de sua mesa e caminha até um arquivo no canto de sua pequena sala.

- Aqui estão os registros. Dia 18 de fevereiro, insistiu em não usar o uniforme.
- Ele só entrou no dia seguinte, pois eu o obriguei a vir de uniforme, mas contra a sua vontade. – relembra a mãe.

Gina prossegue com os relatos:

- Dia 21 de fevereiro, retirado de sala durante a aula de Matemática. Há uma observação aqui, recusou-se a obedecer a um pedido do professor. Ele estava conversando, e o professor pediu para ele trocar de lugar, ele se negou e começou a discutir.
- Dia 5 de março, discutiu com um colega no recreio e quase houve briga. Desse caso eu nem lembro o motivo. Foi suspenso pela primeira vez.

Joana também se recorda desse fato:

- Sim, foi quando conversamos pela primeira vez e me lembro de você ter falado em darmos um tempo, sermos mais compreensivos, pois havia um tempo de adaptação.

O episódio fica mais nítido na memória de Gina, e lhe vêm outros detalhes:

- É verdade, eu me lembro. Conversei com ele nesse dia e ele me pareceu contrariado com as situações em que fora punido. Demonstrou um sentimento de injustiça. Não percebia suas falhas.
- Em casa, temos muitos problemas com essa sensação de vítima que ele tem. É o dono da verdade. Sempre fulano não gosta dele, beltrano foi injusto etc. – Reconhece Joana.

A orientadora não alimenta a reflexão. Está determinada em concluir todo o histórico disciplinar de Leonardo.

- Pode ser um aspecto a ser considerado, mas vamos continuar. Ele deve ter tomado um susto e ficou um tempo sem apresentar problema. Aí, dia 1º de abril, a direção recebe a reclamação de um grupo de alunos, da turma do Leo, sobre brincadeiras excessivas de mau gosto. Lembro-me de conversar com ele sobre excesso e limite e mais uma vez ele não concordou.

Joana consente com a cabeça, parece desanimada e sem forças para responder qualquer coisa.

- Dia 23 de abril, o inspetor o encaminha à direção. Motivo: chega atrasado, perde a prova, não aceita e discute com o inspetor.

A essa altura dos relatos, Joana sente que um forte sentimento de impotência tenta dominá-la. Mas ela não aceita tal condição. Ama seu filho, jamais desistirá dele e fará tudo que for necessário para vê-lo tomando o rumo certo, em sua vida. E Gina ainda não concluiu os relatos.

- Após o evento de 23 de abril, houve o conselho de classe, do qual eu participei. Os professores registraram que Leo não é um aluno que apresente dificuldade de aprendizagem, apesar de tirar notas baixas, provavelmente, por falta de estudo. Sobre seu comportamento, é um menino dócil, mas, por outro lado, é muito teimoso, tem dificuldade com regras e limites e não aceita ser contrariado.

- Tenho que parabenizar os professores, pois esse é o meu filho. – O amor de Joana não lhe tira a percepção das dificuldades de seu filho.

- E finalmente, hoje, dois eventos em sequência.

- E aí, Gina? – pergunta Joana, sem esconder a aflição e a ansiedade.

- Analisando todo histórico, não acredito que seja um problema fisiológico[10], como uma hiperatividade ou déficit de atenção. Pelo menos, as causas dos problemas não possuem essas características. Acho que devemos fazer um trabalho de diálogo e orientação com o aluno, a fim de sensibilizá-lo para as regras que o envolvem, assim como todos os demais personagens do ambiente escolar.

- Você acha que eu deveria procurar um psicólogo?

- Sim, não deixa de ser uma opção. Um psicopedagogo é sempre a opção mais tradicional, mas hoje em dia os psicólogos de Arte-terapia ou Gestalt já trabalham com crianças na faixa etária do Leonardo. Vou fazer uma indicação de uma terapeuta de minha confiança que faz um ótimo trabalho. Ela é especialista em Gestalt.

Gina entrega o cartão da terapeuta. Joana observa o cartão, depositando muita esperança no que esse pedacinho de papel pode trazer, ficando um pouco aliviada.

- Gina, estou me sentindo um pouco melhor agora. Muito obrigada pela atenção.

- Não agradeça, Joana, esse é o meu trabalho. Espero que nossa conversa tenha sido útil e que, daqui para frente, o comportamento do Leo, dentro e fora da escola, melhore.

- A esperança é a última que morre, não é? – Joana pergunta, buscando uma confirmação de Gina.

- É, sim. Mais alguma coisa que eu possa fazer por você?

- Não, Gina, acho que você já fez o que podia. Vou indo.

---

10 fisiológico: relativo aos órgãos do corpo

- Até breve! Quer dizer... espero que não seja tão breve assim.
- Eu também. Um abraço.

* * *

No carro, retornando para casa, Leo percebe que sua situação é muito ruim. Vê que sua mãe está mais irritada do que das outras vezes em que foi advertido ou suspenso. Tenta melhorar seu filme:
- Mãe, como foi a conversa com a orientadora?
Joana não responde e continua concentrada na direção.
- Deve ter sido legal, porque a professora Gina é super maneira, diferente do Napoleão que não gosta de mim e sempre me persegue.
- Legal?! Você tem a "cara de pau" de imaginar que a conversa com a orientadora da escola, sobre seu comportamento ruim, deve ter sido legal!?
Agora é Leo que fica sem palavras.
- Garoto, não sei o que acontece com você. Você não valoriza o investimento que fazemos no seu estudo!
- Mas, mãe...
- Cala a boca! – Joana interrompe seu filho rispidamente – Agora, quem vai falar sou eu, se continuar assim, você não será ninguém na vida! Não sei mais o que fazer com você! Estou sem esperança!
Leo escuta e sente uma mistura de tristeza e rancor. Tristeza por ver sua mãe tão chateada e ser o culpado. Rancor pelas palavras tão pesadas que ela usou.
Dentro do carro se forma um clima péssimo. Depois de um tempo com um silêncio sufocante, quase chegando a casa, Joana, um pouco arrependida das palavras que disse, busca uma reaproximação.
- Tudo bem, Leo, sua vez de falar.
O carro para em frente à garagem, Joana aperta o botão que abre o portão e olha para o lado, encontrando seu filho olhando cabisbaixo e enxugando as lágrimas que já escorreram por todo rosto.
- Garoto, fala alguma coisa! – apesar de mais calma, ela continua com uma voz firme de cobrança.
- Falar o quê! – Leo vira seu rosto para frente e encara sua mãe pelo retrovisor.
Joana não responde e entra com o carro na garagem e, quando estaciona, Leo sai rapidamente do carro, batendo a porta com violência.
- Ei, menino! Não é assim que funciona! Volte aqui!

Leo para e demonstrando contrariedade retorna, mas sem levantar a cabeça para encarar sua mãe.

- Abra a porta, e a feche direito, sem agressividade.

Leo, vagarosamente, abre a porta do carro, e depois a fecha sem muita força. Sua mãe se aproxima, coloca as mãos nos seus ombros, olhos nos olhos e fala baixinho:

- Leo, o que houve? Converse comigo.
- Conversar? Conversar como? A senhora nunca me ouve.

Leo nunca havia dito isso para sua mãe, e a pegou desprevenida.

- Como assim, nunca te ouço?
- Hoje mesmo. Você foi até ao Napoleão, conversou com ele. Depois, foi na Gina e conversou com ela. Quando a senhora ouviu a minha versão?
- *É verdade! O Leonardo tem razão. – pensa Joana, que ainda tenta resistir.*
- Vai dizer que você não estava desenhando na aula de Geografia?
- Estava sim, mas eu nem percebi. Não fiz por mal. A senhora acha que eu queria ser suspenso? É lógico que não! Mas aconteceu, e depois ainda por cima a senhora me diz que perdeu a esperança em mim! Vai me expulsar de casa?
- Não, é lógico que não, mas... – Joana fica sem palavras e não consegue mais prender a atenção de Leo, que abandona a conversa, deixando sua mãe sozinha no meio da garagem.

Joana chega a casa, caminha até a varanda e, com olhar perdido para a rua, observa as pessoas que caminham na calçada, enquanto pensa sobre a situação de seu filho. Depois de quase uma hora, retorna para dentro do apartamento, determinada e consciente. Determinada a tomar as atitudes necessárias para modificar o comportamento de seu filho. Consciente de que necessita de uma ajuda profissional e que isso não é nenhum demérito[11] para ela como mãe. O medo de um sentimento de fracasso nesse papel fez com que ela postergasse essa decisão. O medo do fracasso continua, mas agora está associado à falta de ação e não à falta de habilidade. Ela fez tudo que podia. Precisa de ajuda, e o primeiro passo em uma caminhada de sucesso é o reconhecimento do fracasso. Nesse caso, reconhecer que precisa de ajuda, e esse passo ela já deu.

* * *

---

11 demérito: falta de merecimento

CAPÍTULO 03

Carlos chega a sua casa, cansado de mais um dia de trabalho, mas com muitas saudades de sua família. Faz questão de desempenhar com perfeição e intensidade seu papel de pai e marido. Entretanto, nos últimos tempos, tem trabalhado demais e sente que falhou com seu filho Leonardo e com Joana. Diferente da média dos pais, demonstra muita paciência e habilidade de ouvir, mas não tem sobrado muito tempo ultimamente.

Ao entrar, encontra Joana no fogão preparando o jantar.

- Oi, amor, boa noite!

Joana não responde e não parece bem humorada.

- O que houve? Dia ruim no trabalho?

- Não. No trabalho está tudo bem. Foi o Leo... de novo. – E olha finalmente para seu marido demonstrando decepção.

- Algum problema na escola?

- Foi suspenso... de novo – com cara de desânimo. - Foi retirado de sala pelo professor.

Carlos faz cara de interrogação, enquanto senta na cadeira da cozinha, demonstrando cansaço.

- Ele está no quarto? Vou lá falar com ele. – levanta e sai arrastando o corpo, um tanto desanimado.

- Ih, já ia esquecendo – Joana berra para que Carlos, que já está na sala, ouça – ele brigou com um colega também.

Carlos bate na porta do quarto de Leo e, em seguida, abre a porta vagarosamente.

- E aí, campeão? Como vai?

Leo se encontra deitado em sua cama e observando o teto, onde se encontra um pôster gigante do Batman. Porém, parece não admirar o pôster, de que tanto gosta, mas apresenta com um olhar perdido, sinalizando desolação.

- Tudo mais ou menos, né. Você já está sabendo?

A relação entre os dois é ótima. Uma relação que todo pai e filho gostariam de ter. Francos, conseguem conversar sobre quase tudo sem melindres[12]. Porém, o garoto tem sentido a recente ausência de seu pai.

- Sim, já estou sabendo. Mas gostaria que você me contasse a sua versão.

---

12 melindres: se ofender

Assim, Leo inicia a narração do seu dia para seu pai, a começar pelo seu sonho e a esperança da nota de Ciências. Carlos ouve pacientemente sem interrupção. Obviamente, não é uma narrativa imparcial. Leo apimenta e aumenta as partes que mais lhe convém.

- ... e, no final, ele ainda disse que, se eu dependesse de desenhar, estaria frito!
- Ele disse isso?
- Disse sim.
- Bem, filho, ele deve ter dito brincando...
- Eu não estava brincando com ele – corta Leo, deixando claro seu sentimento.
- Depois dessa história toda, eu devo te perguntar, filho. Você acha que errou em algum momento?

Leonardo sabia que seu pai faria essa pergunta. Ele sempre faz. E o pior é que mais uma vez ele não se preparou para respondê-la.

- Não. – um pouco pensativo – Acho que não.
- Esse é o problema. Esse é o problema. Você desenha na aula, enquanto o professor explica, e não está errado. Dá um tapa na mão da tia da cantina, e não está errado. Você está com uma séria dificuldade em discernir o CERTO do ERRADO! Não acha?

Silêncio. Leonardo não tem palavras para responder ao seu pai, mas também não quer dar o braço a torcer. Carlos finaliza a conversa:

- Agora basta, filho. Sou seu pai e o amo muito. Mas estou aqui para fazer o que você precisa, não o que você quer. Vou falar com sua mãe e resolveremos algo, pois nossas conversas não têm surtido efeito e temos que encontrar outra solução. Assim as coisas não podem e não vão continuar, eu te garanto.

Carlos sai do quarto e fecha a porta vagarosamente, da mesma forma que abriu.

- Boa noite, filho.
- Boa noite, pai.

* * *

CAPÍTULO 04

Carlos, após um banho renovador, senta à mesa para jantar com sua esposa, um pouco mais aliviado, pela conversa com o Leo. Contudo, ainda está pensativo.

- E aí, amor, como foi a conversa de vocês?
- Foi boa e ruim. Boa, pois ele me contou toda sua versão e, isso me deu abertura; e ruim pela situação como um todo. Estou bastante preocupado. É uma situação nova para nós como pais.
- Sim, também acho. Conversei com o diretor, o Napoleão. Ele me sugeriu que o colocássemos em um apoio psicopedagógico. E você acredita que, no final da conversa, ele me ameaçou?
- Ameaçou? Como assim?
- Disse-me que "era importante ele mudar de comportamento" – dá uma garfada e fica mexendo o garfo – "para que tenhamos um relacionamento duradouro..." blá blá blá...
- O Leo me disse que ele foi irônico... mas esse não é o ponto. Não podemos divergir de nosso foco principal que é o comportamento do nosso filho.
- A orientadora me deu um cartão de um terapeuta.
- Você já ligou? Entrou em contato?
- Não, esperei para falar com você antes.
- É mais um custo... mas não tem muito jeito, a formação do Leo é prioridade, e ele está precisando de alguma outra ação. Nós, sozinhos, não estamos tendo êxito.

* * *

Leonardo permanece em seu quarto, após a conversa com seu pai. Deitado em sua cama, olhando para o teto, onde se encontra um enorme pôster de seu super-herói favorito, procura refletir sobre seu dia. Imagina o que o Batman faria em seu lugar? Irritado, levanta de sua cama, e caminha até uma enorme prateleira acima da mesinha onde está seu computador e impressora. Nela, Leo guarda uma de suas maiores paixões, uma coleção de carrinhos em miniatura. A coleção possuía alguns carros antigos e outros novos, mas ele tinha, como seu xodó, a coleção de carros tunados[13], especialmente a Hummer H2. Pega essa miniatura, aproxima dos seus olhos com carinho e pensa tristemente:

- *Acho que nunca terei um carro como esse.*

Sente-se sozinho. Precisa de uma companhia e resolve entrar no mesmo chat de sempre, em busca de atenção.

- E aí, Leo, como você está? O que seus pais fizeram? – pergunta Sid, quando os dois acessam um site de bate-papo à noite.

- Não sei muito bem ainda. Eles estão conversando agora. Mas, pelo visto, alguma coisa nova vai acontecer. Os dois prometeram e eu senti algo diferente em suas vozes, dessa vez.

- Eles colocaram você de castigo?

- Até agora, não.

- Falaí, Leo. Se deu bem, hein. Não vai precisar ir para à aula amanhã e assistir a aula da Dona Calmante. – Chico entra no mesmo site em que os dois estavam acessados e se mete na conversa, com seu tradicional bom humor – Ninguém merece aquela aula de História!

- Você não tem nem um pouco de bom senso né, Chico?! – Teresa também entra na conversa, dando uma amostra de sua generosidade.

- Chico, pega leve, o Leo está super triste com a situação. – Sid reforça a posição de Teresa.

- Ué! Pensei que ele tinha feito de propósito. Pensei que ele estava cansado de dormir em sala na aula de História e resolveu dormir em casa que é mais confortável. – Chico parece de fato acreditar nessa ideia.

- Eu nem durmo na aula de História. – discorda Leo.

- Nisso eu tenho que concordar com o Chico. Você sempre dorme, depois não entende porque é suspenso. – Teresa reforça a ideia de Chico.

- Eu também concordo. – Beto, o nerd da turma, entra no chat, com uma opinião de nerd.

- Beto, você não conta. É o maior nerd e puxa-saco de todos os professores – Sid ataca Beto na defesa de seu amigo.

- Você está defendendo seu amigo, que tem a maior inveja das minhas notas. Hoje, eu percebi que ele tirou nota baixa em Ciências, e DE NOVO. – desdenha Beto.

---

13 tunados: ajustados, alterados, personalizados

- Beto, seu nerd bobalhão, o que você tem com as notas dos outros? Cuida da sua vida! E mais, não se mete no nosso papo, não! – Teresa tenta isolar Beto e seus comentários maldosos.

- Oh, Teresa, não faz isso com o Leo, não. Deixa o Beto ficar zoando ele pela net, porque assim, de repente o Leo aprende alguma coisa pelo computador e tira uma nota melhor na próxima prova. – ironiza Chico.

- Chico, tome o mesmo caminho do Beto e deixa a gente conversar na boa com o Leo. Vaza! – Sid defende seu amigo, mais uma vez.

Durante todo esse tempo, Leo não tecla. Ele fica pensativo, mas não pelo que Chico e Beto estão dizendo. Ele não liga para esses comentários, mas se importa com a opinião de sua amiga Teresa:

- Teresa, você realmente acha que eu durmo nas aulas? – pergunta Leo, buscando um esclarecimento.

- Olha, Leo, gosto de você e por isso vou te dizer, seu comportamento na escola de forma geral é muito ruim. – Teresa esbanja sinceridade e coragem.

- Leozinho, eu já te falei isso. Concordo totalmente com a Teresa.
- Sid acompanha.

Leo permanece sem responder mais algum tempo. Pensa:
- *Quando foi o diretor, tinha sido fácil, não gosto dele mesmo. Sobre o inspetor e o professor, dava para levar, pois é o trabalho deles. Minha mãe é chata e meu pai está influenciado por ela. Mas, meus melhores amigos... será que toda essa história sobre meu comportamento é verdade?*

- Leo, se você não mudar seu comportamento, vai acabar reprovado. Ou pior, expulso da escola. – avisa Teresa.

- É sim, Leozinho. E aí não vamos poder estudar juntos até a faculdade como planejamos. – Sid tenta sensibilizar o amigo.

- Galera, o problema é que eu não consigo enxergar isso tudo. Quando os outros diziam, não levava a sério, mas até vocês. Será que eu tenho um problema mental?

- Você parece normal. Doente mental é o João que tem amigos imaginários. Já viu ele conversando com "eles". E não fala com mais ninguém, só com "aqueles amigos". - Teresa usa um exemplo que não anima Leo.

- Ele, sim, é perturbado. - concorda Sid - Para você, é só corrigir seu comportamento em sala.

- Como eu vou corrigir um problema que eu mesmo não vejo?

Nesse momento, sua mãe entra no quarto.

- Ei, o que você está fazendo na internet? – pergunta com uma voz de bronca – Você está de castigo, pode desligar – e sai apertando o botão de OFF do computador – Vamos dormir. Pode ir escovar seus dentes.

Leo caminha para o banheiro e, enquanto escova seus dentes, fica pensando na última pergunta. Se ele não consegue perceber onde está errando, como vai corrigir, melhorar seu comportamento? E essa pergunta faria com que tivesse dificuldade até de dormir. Aparentemente, o problema não é a ausência de vontade em acertar, mas a falta de consciência, e ele precisará de ajuda para desenvolver essa capacidade.

* * *

Para Pensar ...

- Quais atitudes tomadas por Leo você reprovaria. Por quê?
- Você considera que a mãe de Leonardo, Joana, agiu corretamente em julgá-lo sem ouvi-lo?
- Você concorda com a citação: *"O primeiro passo em uma caminhada de sucesso é o reconhecimento do fracasso."*
- Carlos, pai de Leo, coloca que ele está com dificuldade de discernir o certo do errado. Você concorda?
- Você acredita que a consciência é uma habilidade que pode ser desenvolvida?

Introdução

CAPÍTULO 05

- Bom dia, meu amor. – Joana chega à cozinha para tomar seu café da manhã e encontra seu marido lendo o jornal – acordou cedo hoje?
- É, hoje vamos começar um treinamento e tenho que chegar mais cedo.
- Sobre o que é o treinamento?
- A direção pretende melhorar o clima organizacional e está promovendo um treinamento sobre ética.
- Ética? Como é que deve ser um treinamento sobre ética?
- Sei lá. Também me fiz a mesma pergunta.
- Será que o palestrante vai ficar estipulando direitos e deveres?
- Realmente não sei. Vou indo, que estou na hora. – Carlos levanta, dá um beijo na testa de Joana e parte para o seu trabalho.

* * *

Carlos entra na sala onde será ministrado o treinamento, e quase todos os executivos já estão presentes. Faltam cinco minutos para o início, quando o palestrante chega. É um homem de baixa estatura, cabelo raso e usa um óculos de armação fina. Está vestido com um blusão simples amarelo, calça jeans e tênis. Sua aparência é jovem e humilde, não tem aquela presença e não demonstra a autoridade que é tão característica do meio empresarial. Um colega comenta:
- É esse "meio quilo" que vai dar o treinamento? Vai ser perda de tempo.

Carlos tem vontade de responder ao comentário preconceituoso de seu colega, mas está muito cedo e ficou com preguiça. Após todos se sentarem, o palestrante se apresenta:
- Bom dia! Meu nome é Frederico Descant, mas podem me chamar de Fred. Eu sou formado em Pedagogia pela Universidade Estadual do Rio de Janeiro. Fiz uma especialização em "Filosofia no século XVIII" na própria UERJ. Fiz um mes-

trado em Antropologia na UFRJ e doutorado em Pedagogia Empresarial na PUC. E, na verdade, eu gosto de começar apresentando somente meu nome e meu time de futebol, mas, quando estou no meio corporativo, o preconceito é muito grande e como minha aparência não ajuda, tenho que falar sobre parte do meu currículo, senão as pessoas começam a prestar atenção somente depois de meia hora de palestra. Assim economizamos tempo e energia.

Risada geral. Carlos dá uma leve olhada para seu colega, que, logicamente, fica sem graça. Frederico continua:

- Bem, o Jaques Santos assistiu a uma palestra minha em um Congresso sobre gestão, no final do ano passado, e me procurou ao final da apresentação. Disse que havia gostado das ideias e que se encaixavam com a necessidade por ele percebida, aqui na empresa. Essa necessidade se refere ao clima organizacional. Acho que todos aqui sabem o que isso significa. Significa que, na avaliação dele, Jaques, que é o diretor geral da empresa, o clima organizacional não está bom. Aliás, segundo suas palavras, péssimo, apesar de seus esforços. Assim, quando tentamos resolver um problema e não obtemos sucesso, o procedimento natural é buscarmos ajuda. E esse é o meu objetivo, ajudar. Cooperar com o Jaques e mais ainda cooperar com vocês para que melhorem essa situação, resolvam esse problema. Quem aqui, nessa sala, concorda que o clima organizacional, desta instituição, tem que melhorar?

Todos executivos na sala levantam a mão.

- Começamos bem. O primeiro passo é que todos nós tenhamos em mente do QUE estamos falando, POR QUE estamos aqui e AONDE queremos ir. O próximo passo é COMO. Como vamos melhorar o nosso clima? Eu fui contratado e estou aqui, porque eu tenho todo um trabalho voltado para isso. Minha especialidade é trabalhar a ética de pessoas, equipes e empresas.

Os executivos escutam com atenção. O currículo e a introdução realizada pelo palestrante cativaram as mentes dos presentes e criaram um ambiente fértil para a troca e o aprendizado.

- Então, Fred, você veio falar sobre Ética, vocês perguntam, mas, o que é isso mesmo? O que significa? – Fred indaga a si mesmo como se fosse os executivos a perguntar para tornar a apresentação mais dinâmica e interessante – Alguém aqui pode me ajudar? O que vocês entendem por Ética?

No início é sempre muito difícil obter a participação da plateia. Todos ficam em silêncio e Fred brinca:

- Calma, calma... um de cada vez!

Risadas contidas. No momento interativo, ninguém quer chamar a atenção para não ser convocado a participar. Fred olha um por um, buscando algum voluntário, uma resposta qualquer por mais absurda que seja, quando Jaques, diretor geral, que está na cabeceira dá o exemplo e faz sua colocação:

- Eu acho que tem relação com agir com integridade[14], honestidade,...
- Muito bem, Jaques! É uma ideia. Quem mais?

Agora, todos se sentem estimulados, ou obrigados, e depois de um breve tempo.

- Respeitar os colegas. – responde um executivo magrinho com óculos fundo de garrafa.
- Cumprir as regras estabelecidas. – o gordinho à frente de Carlos, também participa, quando ele se sente encorajado e lembra o que Joana falou pela manhã.
- Gozar de seus direitos e cumprir seus deveres.
- Agir com gentileza com todos, independente do cargo ou função. Ser honesto, falar sempre a verdade para colegas e clientes. Valorizar a família. – outro colabora.
- Agir e ter consciência dos valores estabelecidos pela empresa. Buscar sempre melhorar. Ajudar todos a atingir suas metas.
- Pautar suas atitudes na moral e no bem-estar de todos.

Quase todos tinham participado da rodada de ideias, menos um executivo na ponta da mesa, que parecia concentrado quando falou:

- Meu pai sempre me ensinou "Não faça para os outros o que você não gostaria que fizessem para você". Isso resume a minha conduta durante toda minha vida. É a doutrina que eu sigo. Isso para mim é Ética.

O clima que toma conta da sala é muito bom. Todos parecem felizes com a construção mútua e se entreolham demonstrando orgulho. Fred reassume o controle do encontro:

- É isso aí! Estou feliz e todos devem estar também por essa belíssima construção. E vocês têm razão. Ética é um pouco do que cada um disse. Ética é derivada da palavra grega *ethos* que ao pé da letra significa "morada do homem". Mas mesmo na Grécia antiga o termo não era utilizado com esse significado. Aristóteles foi o primeiro grande filósofo a desenvolver de forma relevante o *ethos* humano. Para ele, prestem muita atenção, *ethos* era o conjunto de atitudes que faziam com que o homem e seus semelhantes fossem felizes, pois para ele, os homens poderiam ter aparências, características e práticas diferentes, mas todos buscavam o mesmo objetivo, todos queriam ser felizes. E para que isso acontecesse, todos deveriam ter um bom *ethos*, ou seja, todos os cidadãos deveriam ter Ética.

De repente, algo começa a fazer sentido na cabeça de Carlos. Mas não é sobre

---

14 integridade : retidão, imparcialidade

seu trabalho. É sobre seu filho, Leo. Uma frase dita por Fred ecoa na sua cabeça, *"...todos buscam o mesmo objetivo, todos querem ser felizes"*. Carlos, começa a refletir: meu filho não é diferente das outras pessoas. Ele também quer ser feliz.

Fred faz uma pausa para que todos processem e façam a primeira reflexão.

- Até aqui tudo bem? Alguma pergunta?

- Estou impressionado com uma coisa. Hoje, fala-se muito em Ética, mas quando eu era garoto nunca tinha ouvido falar. Quer dizer parecia um termo médico, tipo ética médica ou algo assim. - o executivo magrinho com óculos fundo de garrafa continua participando. - Fico espantado de ser tão antigo. Aristóteles? Quanto tempo? Uns dois mil anos atrás?

- Mais precisamente dois mil, trezentos e cinquenta anos atrás – corrige Fred – e o que é mais curioso, percebem quanto o conceito de Ética de Aristóteles, cerca de quatrocentos antes de Cristo, é tão atual? O Dalai-Lama, em seu livro *"Uma ética para o novo milênio"*, apresenta a mesma ideia de Aristóteles. Segundo ele, todos os seres humanos buscam a felicidade, e qualquer ação que violente ou prejudique essa experiência ou essa expectativa de felicidade de outrem deve ser classificada como uma atitude antiética.

- Fred, por favor, seria possível você repetir essa última frase. – algo parece prender a atenção de Carlos, mais uma vez.

- Qualquer ação que violente ou prejudique essa experiência ou essa expectativa de felicidade de outrem deve ser classificada como uma atitude antiética. Gostou, Carlos? É do Dalai-Lama.

- Gostei sim... gostei MUITO – Carlos responde a pergunta, mas continua com pensamento distante.

Essa última frase também o faz lembrar do Leo. Ele analisa: *"O que o Leo tem feito nos últimos tempos é exatamente isso. Ele tem sido antiético com todos. É um bom menino. Não tem índole[15] ruim. Busca, assim como todos, ser feliz, mas não percebe que nessa busca, tem violentado a experiência de felicidade das demais pessoas"*. Carlos desperta e volta sua atenção para a palestra.

- ... vamos lembrar, por que estou aqui? Para melhorar o clima organizacional, ou seja, vocês não estão felizes no trabalho. O que vocês estão buscando? Estabelecer uma série de práticas para diminuir os atritos, para que sejam mais felizes. Para isso vocês têm que discutir o *ethos* da equipe.

- E como é que você vai fazer isso? – o executivo ao lado de Carlos revela sua ansiedade.

---

15 índole: caráter, temperamento

- Eu não, vocês.
Os executivos não entendem.
- Que espanto é esse? Tenho certeza de que todos nessa sala alcançaram uma ótima posição com bastante luta e dedicação. Alguém aqui encontrou em uma caixa uma fórmula mágica para passar no vestibular ou teve que estudar muito? Alguém estava passando na rua e conseguiu esse ótimo emprego ou tiveram que batalhar fortemente? Não vou fazer o trabalho para vocês. Meu papel é facilitar, mostrar caminhos, sugerir opções. Nosso objetivo é, através de grupos de trabalho e debates, nos conhecermos mais, conhecermos os valores, as qualidades, os defeitos, os limites uns dos outros.

"Esse processo não vai rolar com o Leo", Carlos já procura encaixar seu filho integralmente em todo processo apresentado por Fred. Estava indo tudo muito bem, mas imagina o Leo conversando abertamente sobre seus defeitos com o Napoleão. Isso é impensável, tem que haver outra maneira.

- Sei que peguei vocês de surpresa e, como não quero matar ninguém de susto, pelo menos agora no início do curso, vamos fazer uma pausa para o lanche e voltamos em quinze minutos. – Fred promove uma pausa para que todos tomem um ar e se preparem psicologicamente para a continuação.

Carlos continua a pensar que deve ter outro jeito de encaixar seu filho no processo de Fred. Ao observar o pedagogo, Carlos percebe que ele é simpático e solícito. Ele cria coragem para se aproximar e puxar assunto com o palestrante:

- Fred, podemos conversar um pouquinho. É um caso particular.
- Sim, com certeza. Em que eu posso ajudar?
- É um caso familiar, um problema com meu filho Leonardo.
- Um problema com seu filho – Fred demonstra consideração pelo assunto proposto por Carlos – você pode ser mais específico?
- Claro que posso. É que meu filho tem um comportamento um pouco inconstante, um pouco temperamental[16],... não sei explicar muito bem.
- Seu filho tem problemas disciplinares na escola, ele tem sido punido sistematicamente, você tem se esforçado para corrigir suas atitudes, mas não tem tido sucesso, e está sem graça, sem saber como me dizer.

Carlos se impressiona com a resposta de Fred. Como ele pode ser tão preciso? Imagina que o pedagogo conhece seu filho mais do que ele mesmo.

- Não fique surpreso. Seu nome é Carlos, não é?
- Sim, isso mesmo, Carlos.

---

16 temperamental: pessoa que age de acordo com seu humor

- Esse é meu trabalho, e a situação de seu filho não é tão incomum assim. Já presenciei vários adolescentes com "comportamentos inconstantes" como o senhor mencionou.
- Obrigado, Fred, assim eu me sinto mais à vontade. É comum, durante as suas palestras, você ser procurado pelos executivos?
- Procurado? Você quer saber se executivos me procuram em busca de conselhos, para educação de seus filhos?
- Mais ou menos isso. Na verdade, mais do que conselhos, uma orientação, um apoio completo.
- Um apoio completo como uma terapia?
- O senhor, quando se apresentou, mencionou que era formado em Pedagogia.
- Sim, é verdade.
- Então, você não atende crianças ... adolescentes?
- Na verdade, eu nunca fiz atendimento nessa linha. Você não possui nenhuma indicação? Está querendo uma?
- Não. Na escola, inclusive, já indicaram para minha esposa, uma psicóloga. Mas não sei se o Leo aceitaria bem uma terapia. É que ele é meio rebelde. Por exemplo, ele contesta tudo que o diretor fala, porque ele não vai com a cara do sujeito. E... – Carlos fica sem jeito de completar a frase.
- E?
- E você parece tão bacana, tão jovem, não sei bem... moderno, talvez seja a palavra.

Fred faz uma cara de interrogação, mas permite que Carlos continue divagando[17].

- Fred, ao ouvir você falar do que significava ter ou não Ética, lembrei-me imediatamente do meu filho. Estou cansado de dizer para ele o que deve ser feito, ou melhor, o que ele TEM que fazer. E sabe o que descobri? Não sou eu que tem que dizer o que ele tem ou não que fazer. Porque nesse caso é de fora para dentro. Não há motivação. E motivação é uma porta que se abre e se fecha por dentro. Para que seja feito, deve partir de dentro dele.
- Concordo com essa sua ideia de motivação. Continue, onde eu entro na história?
- O menino é boa gente. Não tem má intenção.
- Nisso eu acredito mesmo sem conhecê-lo.
- O que está faltando é uma base mais sólida, faltam valores, princípios, regras,...
- Desculpe interromper, mas acho que entendi. Você está querendo me dizer que falta Ética ao seu filho.

---

17 divagando: fantasiando

- Resumindo... é isso que falta sim.
- E o senhor acha que eu poderia ensiná-lo. Ensiná-lo Ética.
- Você não acabou de nos dizer que não vai ensinar nada, que será uma construção de todos, que seu papel é facilitar, dar sugestões? Você poderia fazer o mesmo com o Leo.

Fred dá um risadinha sem graça e responde:
- Carlos, tenho uma certeza e algumas dúvidas. Dúvidas, pois não sei como o Leo responderia a esse tipo de terapia, que seria inédita para ele. Também não sei como eu responderia, pois seria também inédita para mim. Assim, fico na dúvida se seria ético colocar nós dois em uma empreitada como essa. Mas, vou pensar com carinho. Dê-me seu cartão e entrarei em contato ainda hoje.
- Obrigado pela atenção e consideração, Fred.
- Que nada! De qualquer forma foi um prazer. Agora, temos que recomeçar os trabalhos.
- Ah... mais uma coisa. Você não disse qual era a certeza que você tinha.
- Tenho certeza de que você prestou atenção na minha palestra. Do contrário, você não conseguiria argumentar tão bem, utilizando os meus próprios conceitos.

* * *

CAPÍTULO 06

As portas do elevador se abrem, e Leo caminha em direção à sala 317, junto com sua mãe. No caminho, de casa até o consultório, sua mãe foi dialogando, tentando convencê-lo, mais uma vez, da importância do tratamento. Ela e Carlos já haviam tentado a semana toda.

Quando usavam o argumento da necessidade, Leo respondia "Não preciso de psicólogo nenhum!". Quando o corrigiam "Não é um psicólogo, é um pedagogo", ele respondia "Muito menos de um pedagogo!". Quando o chantageavam "Nos esforçamos tanto para pagar...", ele era irônico "Não pedi nada, preferiria que vocês me dessem esse dinheiro para eu gastar, eu prometeria ficar quietinho na escola!". Tentavam o lado lúdico[18] "Vai ser maneiro, você vai gostar, o Fred é gente boa", ele era cruel "Ninguém com esse nome pode ser maneiro!". Então, perdiam a paciência e usavam sua autoridade de pais, "Você vai e ponto final!" sentenciou Joana.

Antes de entrar no consultório, em frente à porta da sala 317, Joana coloca as mãos nos ombros de seu filho, e dá mais uma advertência:

- Leo, você pode estar aqui contra sua vontade, mas isso não lhe dá o direito de ser mal educado com o pedagogo. Entendeu?

- Entendi, mãe – faz cara e voz de choro – Quantas vezes eu vou precisar vir aqui?

- Isso não sabemos. Vai depender do seu comportamento.

- Então, vou me esforçar muito para ficar quieto. Não quero ficar vindo aqui. É coisa de doente.

- Não é nada coisa de doente. Quem lhe disse isso?

- Eu procurei na net, e lá dizia que terapia é um tratamento médico para pessoas doentes.

Joana fica um tempo sem resposta. Essa maldita internet! Ensinando coisas erradas aos jovens.

- Você tem um pouco de razão. Mais o que o site quer dizer com "doente" é diferente do que você entende por doente. Todos nós somos um pouco "doentes" – faz um símbolo de aspas com os dedos - e precisamos de alguma ajuda, é algo normal. Quer saber, eu às vezes fico meio triste, e gostaria de poder ir a um "médico" como você está indo hoje.

---

18 lúdico: referente a jogos, divertimentos

- E por que você não vai?

Joana prende a respiração, pensa um pouquinho e emenda:

- Não sei bem direito... mas estamos aqui por sua causa. Não é mesmo? Podemos ir? Você entendeu direitinho a postura que deve ter?

- Sim, entendi.

Nesse exato momento, a porta se abre e Leo encontra pela primeira vez aquele homem que se tornará um grande amigo. Porém, a primeira impressão não foi das melhores, o garoto não demonstra muito entusiasmo.

- Boa tarde, Joana! – Fred estende o braço e cumprimenta a mãe de Leo.

- Boa tarde!

- E você deve ser o Leonardo, tudo bem? – Fred não se agacha e nem acaricia a cabeça do garoto para não o infantizar e prefere estender a mão e cumprimentá-lo como um adulto.

- Tudo. – Leo responde demonstrando má vontade.

- Entrem, por favor. – Fred dá passagem e convida que mãe e filho entrem na sala de espera. Pede para que Leo aguarde um pouco e chama Joana a sua sala.

- Fred, gostaria de te agradecer muito por aceitar atender o meu filho.

- Não precisa agradecer, não ainda. Estou fazendo porque será algo positivo para mim também. Não é nenhum favor.

A sinceridade de Fred assusta um pouco Joana, que não está acostumada com tanta franqueza.

- Chamei a senhora aqui, antes de começar com o Leo, pois gostaria de explicar uma coisa.

- Sim, pode falar. – Joana se senta no sofá, esperando uma longa explicação.

- Todos nós passamos por algo que denominamos fases do desenvolvimento moral. Em um primeiro momento, passamos pela fase heterônoma, na qual obedecemos cegamente às ordens de outras pessoas, sem entender. Nessa fase, as regras vêm de fora para dentro, e nós simplesmente obedecemos. Quando amadurecemos, entendemos melhor como tudo funciona, e optamos de forma consciente a seguir determinadas regras. É a fase autônoma.

- E essa mudança acontece em que idade?

- Não há necessariamente uma relação com a idade. Alguns indivíduos considerados adultos, por sua idade, que não passaram ainda para a fase autônoma. Porém, conhecendo esse conceito, nós podemos colocar um objetivo no nosso trabalho. A meta não é entregar para o Leo um batalhão de regras a fim de que ele decore. Porque isso não se sustenta. Quando ninguém tiver olhando, ele irá fazer tudo diferente. O objetivo é despertar nele a vontade de ser ético, de seguir as regras. Como? Mostrando a importância de cada atitude moral e seus impactos positivos, do cumprimento, e negativos, do não cumprimento das regras. Despertando autonomia, através de debate e reflexão.

- Você falando parece muito fácil.
- Só parece.
- Como eu posso ajudar?
- Em um primeiro momento, traga-o para nossos encontros, mas não o pressione. Deixe-o à vontade. Quando aparecer alguma questão ética ou moral, procure abrir espaço e reflita junto com ele sobre a situação, mas seja franca, não tente manipular a conversa, deve ser um debate aberto.
- Entendi. Posso perguntar uma coisa? É uma curiosidade.
- Sim.
- Qual a diferença entre moral e ética?
- Essa pergunta é comum. Se buscarmos na história, não encontraremos nenhuma diferença. Ética ou *ethos* vem do grego, e moral ou *moralis* vem do latim e ambos os termos se referem ao campo de reflexão sobre os "costumes" e condutas do homem. Entretanto, hoje em dia, alguns autores separam a Moral como um conjunto de valores sócio-culturais e a Ética como a ciência que estuda a Moral.

Fred olha para Joana como se dissesse: "Mais alguma pergunta?"

- Obrigada pelo esclarecimento. Agora, já posso dizer para as pessoas que eu sei o que significa. Estou me sentindo até mais inteligente.
- Fico feliz em ajudar. Como estamos juntos no mesmo barco, nós temos que falar honestamente. Assim, sempre que tiver uma dúvida, aflição ou sugestão, me procure.
- Você também, doutor. Devo te chamar de doutor?
- Não, me chame de Fred. – com uma voz encabulada. – Fique tranquila, que sempre que tiver uma observação, irei te procurar. Agora, vamos chamar o Leo, senão ele ficará mais resistente, pois pensará que estamos escondendo alguma coisa.
- Está bem.

Joana se levanta e sai da sala muito feliz e confiante. Sente que Fred poderá ser de muita ajuda, no processo de melhoria do comportamento de Leo.

* * *

Para Pensar ...

- Fred disse que, quando tentamos resolver um problema e não conseguimos, o procedimento natural é buscarmos ajuda. Você concorda?
- Você considera que as atitudes do Leo afetaram o estado de felicidade do professor de Geografia e da Dona Raquel, da cantina?
- Você concorda com a citação: *"Motivação é uma porta que se abre e se fecha por dentro."*
- Você entende a diferença entre ética autônoma e ética heterônoma, explicada por Fred.

LIÇÃO 1

SOMOS TODOS SERES HUMANOS ÚNICOS E DIFERENTES UNS DOS OUTROS

CAPÍTULO 07

- Tudo bem, Leo? Como você está? – Fred tenta um início amigável e sem surpresas.
- Tudo bem. – Leo responde sem demonstrar entusiasmo.
- Como as coisas estão indo com você?
- Como assim?
- Na escola, com seus amigos, com seus pais. Como você está se sentindo?
- Ah... tudo certinho. – balança a cabeça como se negasse alguma coisa.
- A primeira pergunta que você deve estar se fazendo é: Quem é esse cara?

Leo dá uma risadinha de canto de boca.

- Sabe por que eu sei? Porque eu também estou fazendo essa pergunta. É...eu me pergunto quem é esse Leonardo Gantes que acabou de entrar na minha sala. Como eu acho que é uma pergunta muito difícil para você responder agora, eu vou responder a sua. Meu nome é Frederico Descant, mas gostaria que você me chamasse de Fred. Sou casado. Minha esposa está esperando nosso primeiro filhinho. Moro no Cosme Velho, torço pelo Fluminense, adoro ir ao cinema e meu hobby é tocar violão. Estudei na UERJ, Pedagogia, e agora estou aqui, querendo trabalhar com você. – Fred usa uma voz mansa, mas que transmite sinceridade para Leo.
- Eu também sou Fluminense. – Leo responde, mas evita encarar Fred.
- Legal. Seus pais também? – Fred tenta buscar um assunto para abrir a guarda do menino.
- Sim. Meu pai me leva sempre ao Maracanã.
- Você gosta de ir ao Maracanã?
- Gosto sim.
- O que mais você gosta de fazer?

Leo evita a pergunta, parece não se sentir ainda à vontade. Não responde, e desvia o olhar de Fred.

- Acho que você deve estar se perguntando agora: Por que esse cara está fazendo essa pergunta? Ele deve estar achando que, só por ser tricolor, eu vou considerá-lo meu amigo. Qual é a dele?

Leo dá um sorriso, e levemente consente com a cabeça. Fred, então, prossegue.

- Eu não acho que sou seu amigo. Se eu gostaria de ser? Não sei ainda. Como eu posso ser, ou querer ser seu amigo, sem o conhecer. Os amigos nós escolhemos. Devemos nos conhecer melhor, e depois, se for de interesse mútuo, iniciar uma amizade.

O discurso de Fred surpreende Leo e, dessa maneira, prende sua atenção.

- Terceira pergunta...

- Por que eu tenho que estar aqui e ser obrigado a conhecê-lo melhor? – Leo se antecipa e termina a frase de Fred, que concorda com a cabeça.

- Eu ia dizer "Por que eu deveria conhecê-lo melhor?" Assim também serve. Mas essa resposta você sabe. Por que você está aqui?

- Estou tendo uns problemas na escola.

- Não vou mentir para você, Leo. Eu já sabia. Seu pai conversou comigo e pediu que eu te recebesse. Mas eu gostaria de saber por você. Ter a sua visão, saber pelas suas palavras.

- Fui suspenso outra vez na escola.

- Você acha que está aqui por causa da suspensão?

- Lógico.

- Eu não acho. A suspensão em si é a consequência de sua atitude. Você está aqui devido à causa, e não devido à consequência.

Leo faz uma cara de que não entendeu nada. Mas pelo menos está atento.

- Por que você foi suspenso?

- Porque o professor me tirou de sala e arrumei uma confusão na cantina, no recreio.

- E o professor retirou você de sala porque ele quis? Ele chegou à sala, e, sem mais nem menos, falou: Você aí, o tricolor, seu time venceu o meu ontem, e estou com raiva, saia de sala!

Leo acha engraçado o jeito de Fred abordar a situação e parece mais à vontade.

- Não, né.

- Como foi então?

- Ele me tirou de sala, porque eu estava desenhando.

- Durante a aula?
- Sim.

Então, verifique se você concorda comigo. Você estava desenhando, isso gerou a atitude do professor, que retirou você de sala como consequência. A sua saída de sala resultou na sua suspensão. Então, a causa de tudo foi você estar desenhando durante a aula. Certo?

- Mas o professor não tinha que me tirar de sala por isso.
- Isso é uma outra discussão. Primeiro você deve entender a relação de causa e consequência. Depois, vamos discutir se você pode ou não desenhar em sala. Você entende?
- Acho que sim.
- Você não deve discutir a suspensão ou ser retirado de sala. São desdobramentos[19] naturais dentro de uma escola. Você deve perguntar: Eu posso desenhar em sala?
- É lógico que eu posso.
- Você pode, tudo bem. Mas isso é você que está dizendo. Essa é a sua opinião. Eu respeito. Mas alguém pode pensar diferente, não pode?
- Quem?
- Não sei. Alguém. Você já perguntou para todo mundo que você conhece?
- Não. Lógico que não.
- Então, alguém pode pensar diferente. Ter uma opinião diferente da sua.

Fred consegue colocar Leo em uma situação de reflexão. Ele nunca havia parado para pensar que as outras pessoas poderiam pensar diferente dele. Fred aproveita o momento:

- Vamos imaginar uma outra situação. Imagine que você está em casa e é sábado à noite, quando você se lembra que segunda haverá prova de Matemática.
- Logo Matemática!
- Escute com atenção, no final irei te fazer uma pergunta.

Leo demonstra interesse pela ficção criada por Fred, que continua sua história.

- Até aqui sem problemas, pois você tem o domingo todo pela frente, certo? Entretanto, o dia seguinte é aniversário de sua avó, e nesse dia todos se reúnem para comemorar os 80 anos da matriarca[20] da família. Primos de São Paulo, outros de Salvador, resumindo, de todo país, parentes vêm, especialmente, para a festa. O que você faz?

---

19 Desdobramentos: acontecimentos subseqüentes
20 Matricarca: mulher considerada a base da família

Leo fica com cara de interrogação, sem entender.

- Leo, que decisão você tomaria? De um lado, você deve estudar para a prova, a fim de conseguir uma boa nota e ser aprovado no final do ano. Por um outro lado, você deve comemorar o aniversário de sua vozinha com toda a família. O que você faria?

Leo mantém a mesma cara. Não está acostumado a tomar decisões difíceis.

- Não sei o que eu faria.
- Não fique preocupado. A sua resposta não é importante.

Leo pensa: *"Então, por que perguntou?"*

- Queria que você avaliasse uma situação difícil, para depois refletirmos sobre o seguinte ponto: se fizermos a mesma pergunta para mil pessoas, será que todas darão a mesma resposta?
- Eu acho que não.
- Concordo com você. Minha resposta também seria não. Porque a questão que eu propus é subjetiva, e não objetiva. Dois mais dois é uma questão objetiva, mas a questão que retratei é subjetiva e cada um tem uma resposta, pois depende de várias outras questões. Por exemplo, se você já sabe a matéria, se sua avó tem uma doença terminal, quais são suas notas, há quanto tempo você não vê seus primos. Além desses fatores, cada um de nós responde de uma forma diferente às situações que aparecem. Há muito tempo atrás um cidadão chamado Protágoras disse:

"O homem é a medida de todas as coisas"

- Você sabe o que significa? – pergunta Fred.
- Não.
- Significa que uma coisa pode funcionar para você de uma maneira e para mim de outra. Quando você tem determinada experiência, você sente, pensa, analisa e responde de uma maneira. Mas se eu sofrer a mesma experiência, vou sentir, pensar, analisar e responder de outra maneira. Não está em questão se melhor ou pior, mas vai ser diferente. Por isso, temos opiniões distintas e agimos de acordo com elas. Não podemos ser tão rigorosos com as visões dos outros, somente porque diferem das nossas. Vou te dar um exemplo. Qual matéria você acha mais fácil na escola?
- Português.
- Existe na sua sala, algum aluno que acha Português difícil? Que tira notas baixas nessa matéria?

- Sim. O Tales, a Julia ...
- Para eles, o Português é difícil. Se Português é fácil ou não, não é uma pergunta objetiva, é subjetiva, relativa. Para você é uma coisa, para o Tales e para a Julia é outra.
- Mas para alguns alunos, todas as matérias são fáceis.
- Entretanto, para esses alunos, outros desafios serão difíceis, enquanto para você serão fáceis, temos qualidades e defeitos, tenha certeza que:

**Somos todos seres humanos únicos
e diferentes uns dos outros**

Leo participa do debate, demonstrando menos resistência, e até concorda, gesticulando com a cabeça.
- Entender é um primeiro passo. Concordar é outra coisa. Precisamos sempre entender, mas não somos obrigados a concordar sempre. Se eu fosse te pedir alguma coisa, pediria para você refletir sobre isso.
- Tudo bem. Quem disse isso mesmo?
- Protágoras. Foi um pensador que viveu na Grécia, entre 485 a.C. e 410 a.C. Foi ele que desenvolveu fundamentos do que chamamos de "Relativismo".
- Tanto tempo assim?
- É. Você sabe o que um pensador faz?
- Pensa, é óbvio.

Nesse momento, toca a campainha. Fred olha o relógio e percebe que já se passou uma hora.
- Bem, Leo, infelizmente, nossa hora terminou e eu, hoje, não posso continuar mais tempo, pois estou esperando outro cliente.
- Repete o nome do pensador, por favor.
- Protágoras.
- Deixa eu lhe perguntar mais uma coisa: como eu me comportei?

Fred solta uma gargalhada e responde:
- Bem, muito bem.
- Então, fala isso para minha mãe.
- Pode deixar. Na próxima semana, vamos falar de outro pensador, já que você gostou tanto desse, Aristóteles.
- Caramba, e eu pensei que Protágoras fosse um nome esquisito.

* * *

CAPÍTULO 08

No trajeto de volta do consultório, sua mãe fez aquele interrogatório, tão comum por parte dela, esquecendo completamente o pedido de Fred:
- E aí como foi? Gostou?
Leo evitou ao máximo dar pista de como estava se sentindo, e permaneceu em silêncio.
- Responde, menino. Ficaí calado. Não me deixe aflita.
E Leo nada respondia.
- Já entendi que você não quer conversar comigo. Tudo bem, vou deixá-lo em paz.
Mas Leo nem percebe. Chega a casa e ainda está envolto às ideias decorrentes de seu encontro com o Fred. Em seu quarto, deitado em sua cama com olhar voltado para o teto, alguns pensamentos tomam conta de sua cabeça:
- *Primeiro, foi a tal da causa e consequência. Tudo bem, isso eu entendi e até já concordo. Mas depois, foi um pouco confuso. Protágoras?... "O homem é a medida de todas as coisas"?*
Leo, como qualquer adolescente, possui um excelente tira-dúvidas: a internet. Rapidamente, liga o computador e entra em um site de busca e digita: Protágoras.

PROTÁGORAS e o RELATIVISMO

Estima-se o nascimento de Protágoras por volta de 491 a.C.
Existem duas versões de sua história pessoal. Uma diz que filho de Meândrios, homem rico, recebeu em sua casa a visita do rei da Pérsia – Xerxes – que, ao ficar muito agradecido pela hospitalidade da família, pediu aos magos que ensinassem a Protágoras conhecimentos da cultura persa.
Existe uma outra versão a qual diz que a família de Protágoras era modesta e que ele teria desenvolvido habilidade para trabalhos manuais inventando, por exemplo, uma esteira de transporte.

> Protágoras valorizava a democracia e tinha uma grande amizade com Péricles, um dos líderes da democracia ateniense. Este último lhe deu tarefas desafiadoras como criar legislação para as cidades do Golfo de Tarento, no sul da Itália em 444 a.C. Protágoras ganhou espaço como professor em Atenas e andou em toda a Grécia com suas ideias e sabedoria. Suas principais obras são: *As Antilogias* e *A Verdade* que ficou conhecida também como Grande Tratado.
>
> Em *As Antilogias*, Protágoras mostra-se cheio de ideias, mas ainda permeado por uma natureza instável, que, mais tarde, ao escrever A Verdade, inaugura a ideia de que não há verdades absolutas e sintetiza a sua ideia em uma frase que fica muito conhecida: "O homem é a medida de todas as coisas e daquelas que são, enquanto são; e daquelas que não são, enquanto não são".
>
> Protágoras diz que cada homem tem sua "medida". Isso significa que todos os homens possuem percepções diferentes, de cada situação, construindo um julgamento único das diversas situações vivenciadas. Esse julgamento único é o que Protágoras chamou de "medida" e influencia toda forma de pensar de um indivíduo.
>
> Assim, o filósofo construiu o conceito de verdade relativa em oposição a verdade absoluta, única aceita até então. Dois indivíduos podem ter opiniões diferentes, ou seja, visões diferentes para a mesma situação e isso não significa, necessariamente, que um deles está certo. O Relativismo foi fundamentalmente para o progresso de áreas como psiclogia e ética.

Após pesquisar e entender melhor o Relativismo. Leo fica muito elétrico, com a série de informações e dúvidas que apareceram em uma única tarde. A ansiedade é tanta que entra no chat da internet buscando Sid, Teresa, ou qualquer outro amigo. Para seu alívio, Sid está online.

- Sid? E aí cara?
- Fala, Leo. É você?
- Claro, leque.Tudo certo? Deixa eu lhe perguntar uma coisa. Você acha que eu posso desenhar na sala de aula?
- Não sei...mas por que você está me perguntando isso?

- Depois eu lhe falo. Responda à pergunta primeiro.
- Você me conhece. Sabe que eu sou estudioso. Então, durante a aula é para prestar atenção ao professor. Não é para desenhar. É isso que eu acho.
- Oh, Leo. Relaxa! Eu não acho que haja problema algum em desenhar na sala de aula. Você não está atrapalhando o professor! - Chico, como de seu feitio, intromete-se na conversa.
- Não pode, não. É errado. - Sid rebate.
- Errado nada. O que o professor tem a ver com o que você está fazendo? - insiste Chico.
- Ele é o professor. Temos que respeitá-lo. - Sid defende sua ideia com unhas e dentes.
- Quem disse que estamos desrespeitando-o, quando desenhamos durante a aula? - Leo faz uma pergunta um tanto quanto incomum, principalmente, para ele.
- Como assim, Leo? - Sid se espanta.
- É isso mesmo. Tá certo, Leo! - Chico aprova.
- Chico, você não se ligou no que eu disse. Não concordei com você!
- Estou querendo dizer que se incomoda ou desrespeita o professor, somente ele pode dizer. Por que nós achamos que podemos falar por ele. Se queremos saber como ele se sente, temos que perguntar para ele, e não ficar aqui inventando coisas. - Leo surpreende seus amigos.
- Agora, eu fiquei bolado, não entendi nada! Vou até dormir que esse papo pode dar um nó na minha cabeça, e eu acabar tendo insônia. Fui! - despede-se Chico.
- Vamos ver se entendi, Leo. Você quer perguntar para o professor de Geografia se ele se sente incomodado por você desenhar na aula dele? É isso que você vai fazer? - Sid tenta entender a fala do amigo.
- Não, lógico que não vou fazer isso! O professor me odeia. Vai achar que estou querendo zoar ele, e vou acabar suspenso de novo.
- Mas você não acabou de dizer que não podemos falar por ele. Quem disse que ele o odeia? - Sid pega o amigo nas suas próprias palavras.
- Não, mas aí já é demais. Você sabe que a gente não se dá bem. Afinal, você é amigo meu ou dele?
- Seu, lógico. Que vocês não se dão bem, eu sei. Mas eu só repeti o que você mesmo disse.

- Você tem razão... não sei por que falei que a opinião era relativa.
- Opinião relativa??? O que você está falando?
- Nada não. Deixa para lá. Amanhã, nos vemos na escola. Valeu! Vou partir!
- Valeu!

PARA PENSAR ...

- Você entende a diferença entre causa e consequência, proposta por Fred?
- Qual a diferença entre uma questão objetiva e outra subjetiva?
- Na situação da prova de Matemática e aniversário da avó, proposta pelo Fred, qual seria a sua solução? Debata com seus colegas e procure observar seus motivos.
- Você concorda que indivíduos diferentes dão respostas diferentes a problemas iguais? Por quê?

LIÇÃO 2

BUSQUE A SUA FELICIDADE E A DE SEUS SEMELHANTES

CAPÍTULO 09

- Leo, anda logo com esse banho, ou chegaremos atrasados!

Joana apressa seu filho para a segunda sessão com o pedagogo. Durante a primeira semana, não conseguiu perceber nenhuma mudança significativa no comportamento do Leo. Pelo menos, não houve problema na escola. Mas também é cedo para afirmar qualquer coisa. Foi só uma semana.

- Por que eu tenho que ir para a terapia?

Leo sai do banheiro e continua a fazer resistência ao encontro. Foi assim a semana inteira. E faz uma última tentativa.

- E se eu prometer ficar legal? Quieto, sem arrumar confusão?
- Mas ISSO você já prometeu das outras vezes. Por que eu devo acreditar agora?

Leo fica sem resposta. Falar o quê? Ela tem razão mesmo.

- As sessões não funcionam como castigo. Mas como uma ajuda. Como nós conversamos na semana passada, todos nós, algumas vezes, precisamos de ajuda. Porque fazemos coisas de que não gostaríamos, e não conseguimos parar. E quando isso acontece, o certo é pedirmos ajuda.
- Tudo bem, mãe.

Leo se convence pelo argumento de sua mãe. Pelo menos, por enquanto.

* * *

Joana e Leo chegam ao consultório uns dez minutos mais cedo em relação ao horário marcado. Fred sai de sua sala e cumprimenta os dois. Joana se surpreende, pois dessa vez ele veste bermudas jeans, uma bata e sandálias.

- Como estão vocês dois?
- Tudo bem. – Joana responde pelos dois.

- Leo, você pode ir entrando. – convida Fred.
Enquanto, Leo caminha para sua sala, Fred aborda Joana.
- Vamos aproveitar que vocês chegaram mais cedo, para bater um papinho.
- Sim, lógico. Eu já estava ansiosa para falar com o senhor, mas como me havia dito para não ligar, para esperar que me procuraria...
- Sim, mas ainda não é o momento para falarmos das sessões.
- Ah... não?
- Não. O Leo no final da sessão passada, perguntou-me se havia se comportado bem.
- Ah, claro – pela fisionomia de Joana ela esperava por isso – e como ele se comportou?
- Não a estou procurando para dar um retorno do comportamento dele. Mas gostaria de entender por que ele me perguntou isso. A senhora sabe responder?
- Foi porque eu conversei com ele antes da sessão e disse que, se ele tivesse um bom comportamento, a terapia seria mais rápida.
- Eu imaginei isso. Eu aconselho que a senhora evite essa atitude.
- Qual atitude?
- Chantagem.
- Chantagem?
- Sim, isso mesmo. A senhora discorda?
Joana fica em silêncio, como se tivesse medo de responder.
- Vamos analisar a situação, começando pelo conceito, defina-me o que a senhora entende por chantagem. – Fred tenta conduzir Joana para uma reflexão.
- Ah... eu acho que é quando você ameaça alguém em troca de alguma coisa.
- Poderia ser quando você força alguém a realizar uma troca?
- Sim, poderia.
- Joana, observe bem, não é nenhum pecado. É muito comum, no processo educativo, os pais utilizarem um processo de chantagem. Faça ISSO que eu lhe dou AQUILO. Estude que lhe dou um presente. Comporte-se que o levo para tomar sorvete. Isso é chantagem. Muitas vezes, é difícil abrir mão dessa negociação. Mas o ideal é a argumentação. Conversar, orientar que é preciso estudar, que é dever dele se comportar. Evite, sempre, condicionar premiações às tarefas que são seus deveres. Os prêmios devem ser esporádicos, em ocasiões e resultados especiais.
Joana ouve atentamente. Não sabe explicar por que, mas Fred já conquistou sua confiança.
- É dever dele se comportar quando estiver comigo, ou ser educado com qual-

quer outra pessoa. Não deve ter um prêmio para isso. Quer dizer que, se não tiver prêmio, ele será grosseiro e mal educado. O prêmio nesse caso vai condicioná-lo a sempre exigir uma bonificação. E não funciona assim, você sabe. Se fosse dessa forma, você deveria receber um prêmio por amá-lo e educá-lo.

- Tudo bem, Fred, eu entendi. Mas às vezes é tão difícil...
- Eu sei. Por isso, eu disse que não era nenhum pecado. É algo super comum, mas devemos evitar, ok?
- Ok.
- Tenho que ir, ele já deve estar curioso, e não quero desviar seu foco.

Joana, depois da conversa, sente-se, como qualquer outra mãe no seu lugar: uma fracassada. Tenta processar a conversa com o Fred:

- *Chantagem? Nunca tinha parado para pensar dessa maneira.*

Com o tempo, a ferida, aberta com a conversa, vai cicatrizando.

- *Qual mãe nunca errou? Eu quero tanto acertar que às vezes exagero e acabo errando. Agora é tarde. Não posso voltar no tempo. Vou continuar tentando fazer o melhor possível.*

* * *

- E aí, Leo, como foi a sua semana? – Fred entra na sala e puxa assunto sem perder tempo.
- Foi boa.
- Algum problema na escola?
- Não, nenhum.
- Na semana passada, não houve tempo suficiente para começarmos nosso trabalho. Você está motivado?
- É, né.

Leo se esforça para não demonstrar, mas já está um pouco curioso para saber o que o Fred vai dizer.

- Leo, você viu na televisão aquele caso dos alunos que compraram o gabarito das provas do vestibular?
- Vi, sim.
- O que você achou?
- Ué, não sei. Tem que achar alguma coisa?
- Não é isso. Você achou bacana o que eles fizeram?
- Bem, não sei ao certo. Mas o meu pai comentou que era um absurdo.

- Você não tem opinião sobre o assunto?
- Eu também acho errado.
- E, por que você acha errado?
- Ah... porque é... é meio óbvio.
- Cuidado, lembra o que vimos na semana passada. De repente, o que é óbvio para você pode não ser para mim, ou para outra pessoa e vice-versa.
- Sim, eu entendo. Mas há coisas que são óbvias.
- Cite uma coisa que para você é óbvia.
- Assim é difícil.
- Está bem. Você acha que pode desenhar durante a aula, não é? Isso para você é óbvio?
- Sim. É sim.
- Para mim, não é. Particularmente, acho que você não pode desenhar em sala. E eu vou dizer-lhe o porquê. Mas não hoje, esse papo é para um outro encontro. Só queria, mais uma vez, mostrar-lhe que as coisas não são óbvias. O que você acha que passou na cabeça do candidato que comprou o gabarito?
- Sei lá.
- Imagine junto comigo. Ele pode ter pensado assim: "Preciso tanto passar nessa prova, que vale qualquer coisa. Mas eu resolveria meu problema, garantiria minha vaga na universidade, se eu tivesse o gabarito. Vou tentar arrumá-lo de algum jeito."
- Ele deve ter pensado assim.
- Deve, né? Você reparou como eu simulei o pensamento dele, "qualquer coisa"... "algum jeito". Você acha que certas coisas são tão importantes que vale "qualquer coisa" para consegui-las?
- Eu acho.
- Vamos imaginar a seguinte situação com o seu professor de Geografia. Ele precisa ter a atenção da turma, é algo muito importante para ele. Concorda?
- Acho que é.
- Então, vale "qualquer coisa" para consegui-la. Vale, por exemplo, dar-lhe uma coça, se você não estiver prestando atenção.
- Não, aí não. Lógico que não. – Leo se assusta com o exemplo de Fred.
- É óbvio que vale. Ele tem dinheiro e pode contratar com o grupo de meliantes[21] para te dar uma surra. Se for MUITO IMPORTANTE, ele pode fazer "qualquer coisa".

---

21 Meliantes: vadios, criminosos

- Mas aí eu vou entrar na porrada?!
- É... para mim é óbvio.
- Para mim, não.
- O que está errado, então?
- Ele não pode me bater, só porque quer a minha atenção.
- Mas não vale fazer "qualquer coisa"?
- Não.

Fred inclina o corpo para frente, a fim de se aproximar de Leo e continua:

- Leo, quer saber, concordo com você. Não vale fazer qualquer coisa. E nós sabemos isso há bastante tempo. Desde a Grécia antiga, nós, homens, pensamos a respeito de uma disciplina que chamamos de MORAL. Você quer saber o que é moral?

Leo, nesse momento, está bem interessado no assunto e apenas consente com a cabeça.

- Moral deriva da palavra *moralis*, que é uma tradução para o latim, do termo grego *ethos*, de onde se derivou a palavra ética. Você conhece essas palavras Moral e Ética?
- Já ouvi falar.
- Muitos hoje consideram moral como um conjunto de costumes, valores e regras de conduta dos seres humanos; e a Ética como a ciência que estuda esses valores e regras, que estuda a moral. Mas, para nós dois, para facilitar, vamos chamar somente de Ética. Assim, você acha que o professor dar-lhe uma "coça", quando você não estivesse prestando atenção, poderia ser uma regra?
- Não!!!
- Então, seria uma atitude fora da regra, fora da Ética. O que chamamos de uma atitude antiética. Você acha que alguém pode comprar os gabaritos de um concurso e levar vantagem sobre todos os outros que não tiveram acesso ao gabarito?
- Não.
- Então, você está me dizendo que essa também seria uma atitude antiética. E, dessa forma, existem outras inúmeras situações que são consideradas éticas ou não.

Leo fica um pouco confuso com tantas informações, mas, ao mesmo tempo, animado. Fica animado de aprender algo diferente, e melhor ainda, parece que aprendeu sozinho. Isso aguça[22] ainda mais sua curiosidade.

- Quem foi que inventou isso?

---

22 Aguça: estimula

Fred solta uma gargalhada.

- Desculpe, Leo. Mas é engraçada a sua pergunta. Não que seja besteira, que não faça sentido. Mas a forma é diferente. Não se costuma dizer que alguém inventou um determinado pensamento. Não é como a TV, o rádio ou o computador. Mas a sua pergunta tem sentido sim. Vários foram os homens que trabalharam a Ética. Porém, eu gostaria de destacar um sujeito chamado Aristóteles.

- Você falou este nome na semana passada.

- Não vou entrar em detalhes sobre a vida de Aristóteles para não entediá-lo. Mas ele foi um grande pesquisador em diversas áreas. Entre seus estudos há uma enorme contribuição para a Ética. Aristóteles estudou o *ethos* do homem. Lembra este termo. Significa o conjunto de práticas, hábitos e valores de uma pessoa. Para ele, o homem deveria guiar sua vida através de hábitos e regras que fizessem com que ele atingisse o que todos os homens desejam. Você sabe o que é isso, Leo?

- Ver seu time campeão mundial?

- De certa forma, você não está errado. Entretanto, como falamos na semana passada, isso seria uma possível causa, e, nesse caso, uma causa bem particular, sua. Nem todos buscam isso exatamente. Como você fica quando seu time é campeão?

- Fico feliz.

- Exato. Todos os homens buscam a felicidade. Você não concorda? Todos nós buscamos ser felizes. E Aristóteles escreveu sobre a conduta do homem virtuoso. Para ele:

**"A felicidade pode ser entendida
como produto de uma vida virtuosa"**

- Como assim uma vida virtuosa?

- Virtuosa é a vida de um homem com virtude. Um homem com virtude é aquele que pratica sempre a justiça. O que você entende por justiça?

- Agir com justiça é ser justo.

Fred gira a mão direita, pedindo que Leo continue.

- Eu acho que é ser correto com todos. – complementa Leo.

- Ser correto com todos. E o que todos procuram mesmo, hein?

- A felicidade.

- Então, eu poderia dizer que ser correto com determinada pessoa é não atrapalhar a busca da felicidade dessa pessoa?

- Acho que sim.
- Calma, Leo. Você respondeu muito rápido. Foram muitos conceitos em pouco tempo. Pense um pouquinho para responder. Verifique o que dissemos aqui, e se você concorda.

A intervenção de Fred foi importante. Ele não queria enganar o Leo com um jogo de palavras. Para ele, era fundamental, que o garoto entendesse e que a partir disso concordasse ou não. Leo lembra que, na semana passada, Fred já havia dito isso, que já havia pedido para ele pensar e depois responder. A técnica parecia estar funcionando, porque Leo fez ótima pergunta depois de um tempo:

- Como eu posso garantir a felicidade de todos? Não dá. Não tem como. Por exemplo, quando jogo futebol com meus amigos no *play* do prédio, vou sempre tentar ganhar, e isso significa que o outro time vai perder. Se eu ganhar vou ficar feliz e os outros tristes. Para que eles fiquem felizes, eu vou ter que perder?
- E se você perder, vai ficar triste. Então, não é essa a solução.
- E qual seria?
- Quando você entra em um jogo de futebol ou qualquer outro jogo, ele tem regras, não tem?
- Tem.
- Existe uma regra, que só o goleiro pode pegar a bola com as mãos. Existe outra, que uma falta na área é pênalti. E uma outra que no final da partida, alguém sairá vitorioso, o outro perdedor, ou haverá empate. Dessa forma, os seus colegas sabem a regra do jogo. Está combinado. Foi escolha deles participar de um jogo, em que, no final, eles poderiam sair como perdedores. Você não prejudicou a busca pela felicidade deles. Agora, como seria se você fizesse um gol de mão, ninguém visse, e você não avisasse ninguém? Pode fazer gol de mão? Não! Você estaria mudando a regra do jogo que está combinada com TODOS, para se beneficiar. Isto, automaticamente, além de te beneficiar, prejudica todos os demais. Não seria uma atitude virtuosa, seria antiético.
- Assim como o candidato que comprou o gabarito.
- Exatamente.
- Se o professor me der uma surra, não será ético, porque estará atingindo o meu bem-estar e, consequentemente, a minha felicidade.
- É tarefa do professor controlar a turma. Ele tem uma outra maneira de buscar sua atenção, sem agredi-lo?
- Tem. Ele pode conversar comigo, por exemplo, pedindo que eu preste atenção.
- Ele estaria fazendo a função dele, e de forma ética.
- Resumindo:

Busque a sua felicidade e a de seus semelhantes

O clima na sala de Fred é muito positivo. Os dois conseguem trocar ideias que se complementam e vão construindo uma aprendizagem recíproca e quem sabe até uma amizade.

- Leo, estou muito feliz. Acho que foi muito produtivo nosso encontro hoje. Mas, infelizmente, nosso tempo acabou.
- Puxa, o tempo voou.
- É quando estamos felizes com o que fazemos, normalmente, é assim.
- Então, valeu. Vou partir.
- Só um instantinho, Leo. Só mais uma pergunta. Você me disse que a atitude do candidato era antiética, que o professor dar-lhe uma coça seria também. E o seu comportamento de desenhar na aula dele? Está certo? É ético ou não?

Antes que Leo falasse qualquer coisa, Fred prossegue:

- Mas não me responda. Lembre, pense antes de falar. Pense sobre essa pergunta e quando você estiver preparado, você me responde. Não vou mais insistir. Um abraço e se cuide.
- Até mais. Fui!

* * *

CAPÍTULO 10

Leo chega à sua casa e vai direto para seu quarto. Deita em sua cama, com olhar para o teto, mas com a cabeça perdida em seus pensamentos. A pergunta feita no final da sessão ecoa na sua cabeça. Ele nunca havia parado para pensar na situação, do jeito que Fred apresentou. Pensou sobre a questão, no caminho de volta todo, e ainda não chegou a uma conclusão.

- *Caramba, primeiro fiquei imaginando que desenhar na aula atrapalhava a aula do professor. Agora, ele pode estar magoado com minha atitude. Será que o professor fica triste com isso? O Fred disse que errado é qualquer atitude que tire a felicidade de outro. Mas, dessa forma, existe tanta coisa errada. Como a gente faz para não agir errado com os outros. É tão difícil...*

Leo parece confuso mediante tantas informações novas. Deve ser demais, para um jovem de 14 anos, perceber que tem agido errado. Mas, se a consciência não é o forte nessa idade, a curiosidade ajuda bastante.

- *Ele falou que essas ideias eram de um cara chamado Aristóteles...*

Leo liga o computador e busca informações sobre o filósofo.

ARISTÓTELES e a VIRTUDE

Aristóteles nasceu na Estagira no reino semigrego da Macedônia. Seu pai, Nicômaco, era médico do rei Amintas II da Macedônia. Quando tinha 17 anos viajou para Atenas a fim de estudar. Decidiu cursar a Academia de Platão e foi um dos mais célebres discípulos nos vinte anos que ficou lá.

Platão o reconhecia como "a inteligência da escola", e Aristóteles, mesmo discípulo de Platão, sempre se posicionou com independência, o que, aos poucos, o distanciou de seu mestre. Com a morte de Platão, em 347 a.C., Aristóteles deixou a Academia e passou a viajar pela Ásia Menor, onde casou e dedicou-se ao estudo das ciências naturais.

Em 342 a.C. foi chamado a Macedônia pelo rei Felipe II, para cuidar da educação do seu filho mais velho Alexandre, que depois a história trataria de conhecê-lo como Alexandre "O Grande".

> Em 366 a.C., com o assassinato de Felipe II e a posse de Alexandre como rei, Aristóteles voltou para Atenas e lá fundou o seu próprio Liceu onde ensinava ciências naturais e filosofia e teve a grande oportunidade de estruturar seus conceitos sob a ideia de ética e virtude.
>
> Na sua principal obra, *Ética a Nicômaco*, Aristóteles discute a busca pelo bem que segundo ele seria a finalidade da vida humana. O homem busca sempre o bem e este bem traduz-se pelo seu extremo: a felicidade. Seria a felicidade uma grande finalidade da vida do ser humano.
>
> Ele considerava as virtudes morais como atitudes para a ação, adquiridas e aperfeiçoadas pela prática. Daí a importância do hábito de ser virtuoso: as pessoas não nascem boas, mas há nelas a capacidade de tornarem-se boas, caso desenvolvam as situações apropriadas mediante a prática de boas ações sempre.
>
> Os sentimentos e paixões tendem ao excesso ou a deficiência; a virtude é a moderação. Para Aristóteles, é necessário em qualquer situação, em que precisamos usar a ação moral, sempre ter prudência para apreciar corretamente todos os fatos. Seria a prudência aquilo que nos capacita a selecionar os meios certos para atingir nossos objetivos.
>
> As boas escolhas somadas à prática são, segundo Aristóteles, ações racionais. Vale também ressaltar que de fato a virtude é o exercício de saber ponderar entre dois extremos como, por exemplo, o equilíbrio entre a temeridade e a covardia, o generoso e o comedido.
>
> Sabendo, assim, ponderar e alcançar este equilíbrio, ou seja, ter a virtude somada à prudência, a felicidade se tornaria um grande conceito para a vida pessoal de cada um de nós.

Leo fica um tanto quanto impressionado com as ideias e a "profissão" de Aristóteles. Impressionado e cheio de dúvidas.

- *Que droga! Agora, só vou conseguir entender direito isso tudo na semana que vem. A aula do Fred poderia ser antes, para acabar com minha curiosidade.*

* * *

Após a consulta, seria normal que Leo entrasse no chat onde sempre conversa com seus amigos. Mas ele não entra, está tomado de pensamentos sobre a sessão, e, no momento, não está à vontade de dividir com seus colegas. Se entrar na net, com certeza, o Sid irá perguntar sobre a terapia, os demais iriam zoá-lo e ele não estava a fim disso.

Quando sai de seu quarto rumo à cozinha para pegar água, passa pela sala e observa seu pai assistindo à televisão. Pela hora, está passando o jornal da noite que ele sempre vê.

Leo gosta da companhia de seu pai. Carlos não o fica atormentando todo o tempo com sermões. Tem o hábito de ouvi-lo primeiro. Demonstra respeito pelos seus sentimentos. E nesse momento, em que ele se sente um tanto quanto confuso, seria legal bater um papo com ele. Voltando da cozinha, ele se senta no sofá, ao lado de seu pai.

- E, aí, campeão? Tudo bem?
- Tudo. Você está vendo o jornal?
- Estou.
- Que notícia foi essa?
- Fizeram uma pesquisa, em vários países do mundo, para avaliar a educação da população. Um grupo de repórteres aborda cidadãos na rua e pede diversas informações. Então, eles verificam os mais prestativos e educados.
- Alguém se recusou a dar informação?
- Sim. A pessoa pode alegar que está sem tempo ou....
- Que absurdo! E se o repórter fosse uma pessoa comum e a informação fosse muito importante para ela? Todos deveriam ser obrigados a ajudar! – Leo interrompe o raciocínio do pai e coloca muita intensidade no discurso.
- Obrigadas? Mas como obrigar as pessoas a dar informação? – Carlos pergunta surpreso com a abordagem e a intensidade de seu filho, mas Leo desconversa.
- Não está certo. Por exemplo, você está querendo chegar a um lugar, pergunta para alguém, e a pessoa não o ajuda. Isso não é justo. Não se deve fazer qualquer coisa que prejudique uma outra pessoa?

Carlos faz uma cara de espanto. Depois, consegue processar o que ouviu e fica feliz. Tem vontade de falar "As aulas de ética tem surtido efeito, hein!", mas repensa e decide não mencionar, para não tirar a espontaneidade de seu filho.

- Você acha certo, pai?
- Não, com certeza está errado. Não devemos nos recusar a ajudar um semelhante. Quando perguntei sobre como obrigá-las, não estava querendo dizer que elas estavam certas.

- O que você quis dizer, então?
- Quis dizer que, nesse caso, não temos como obrigar a pessoa a fazer o que nós achamos que é certo. Assim, seria uma ditadura, e vivemos em uma democracia.
- Mas, se a pessoa estiver errada?
- Se fosse algo contra a lei, eu concordaria com você. Mas, não é. Então, a decisão deve ser do indivíduo.
- Eu continuo não concordando com o senhor.
- Eu respeito a sua, mas cada um tem direito a sua opinião, não é?

Nesse momento, Leo lembra do relativismo que aprendeu nas sessões com Fred. A opinião de um homem não é necessariamente a mesma de todos, e devemos respeitar essas diferenças.

- É verdade, pai. Não dá para todo mundo concordar em tudo.
- Mas, eu gostei da nossa conversa. Gostei de suas ideias.

Eu também, pai. Agora, eu vou dormir, pois estou cheio de sono. Boa noite. – e se despede dando um beijo na bochecha de seu pai.

- Boa noite, filho.

Carlos se despede e, com uma sensação de enorme felicidade. O sentimento é tão forte que ele tem que dividir com sua esposa. Corre para seu quarto e acorda Joana.

- Joana ... Joana, acorda!
- Hum... hum... que é? – pergunta sonolenta.
- Joana, sou eu – Carlos tenta localizar sua esposa – você não sabe a conversa que eu tive com o Leonardo agora.
- Não podemos conversar sobre isso, amanhã?
- Não! Escuta, foi muito boa. Estava vendo o jornal...

Carlos conta toda conversa para Joana, que vai despertando à medida que a história vai ficando boa. Ao final, ela está totalmente acordada.

- Ele falou isso? – Joana pergunta numa mistura de surpresa e felicidade.
- Falou. E não foi da boca para fora. Eu percebi que ele falou sério. Ele estava sentindo aquilo, de corpo e alma. Acho que o trabalho com o Fred está começando a apresentar resultados.

Joana tem vontade de contar a conversa que teve com Fred, da bronca que levou sobre a chantagem, mas fica sem graça. Está tarde, fica para outro dia.

- É, eu acho que está surtindo efeito mesmo. Senti que ele estava menos resistente esta semana. Nem reclamou tanto de ter que ir para a sessão.
- Está no início. Vamos acompanhar o progresso. Boa noite, querida!
- Boa noite, amor.

PARA PENSAR ...

• Você concorda com o pensamento de Fred em relação à atitude de chantagem de Joana?
• Analise a pergunta: você acha que certas coisas podem ser tão importantes que vale "qualquer coisa" para consegui-las?
• Qual a importância de pensar antes de agir?
• A partir da notícia do telejornal, Leo coloca sua opinião, afirmando que as pessoas deveriam ser obrigadas a dar informações, para quem precisasse. Você concorda com essa opinião?

* * *

LIÇÃO 3

ESCOLHA FAZER O QUE É CERTO

CAPÍTULO 11

- E aí, Leo? Como você está?

Leo chega com sua mãe para a sessão um pouco atrasados. E vai logo se desculpando.

- Desculpe o atraso. É que ficamos presos no trânsito. Acho que foi uma batida.

Fred poderia ter pensado que era uma mentira, que eles se atrasaram porque o Leo fez corpo mole. Mas sabia que o garoto estava falando a verdade. Enquanto Leo entra na sala, sua mãe já se posicionou no assento, da sala de espera. Fred puxa o assunto.

- Eu estou sabendo. Recebi uma mensagem-notícia pelo celular. Na verdade, foi um atropelamento aqui perto.

- Que horrível!

- Mas, a vida segue. Lembra-se de nossa última conversa?

- Lembro sim. Você falou em um tal Aristóteles. Eu até procurei por ele na net.

Fred ouve atento o garoto explicar o que aprendeu na internet e fica super feliz. Já vinha percebendo que o Leo começava a aceitar as ideias, que estava menos resistente e mais participativo. Eles começavam a criar um vínculo.

- Que legal! Você achou as informações interessantes? – Fred se aproxima, mas deixa o Leo com espaço para se expressar.

- Achei. Me amarrei em procurar e saber mais sobre esses professores.

- Se você quiser usar a palavra certa, é filósofo[23]. Esses pensadores que nos ajudam a entender melhor o mundo recebem o nome de filósofos.

- Então, o Protágoras e o Aristóteles foram filósofos?

- Isso mesmo.

- E como é que se faz para se tornar um filósofo?

---

[23] Filósofo: livre pensador

- Isso é um pouco mais complicado. Eu vou explicar-lhe, mas não agora. Então, como você inclusive pesquisou, deve estar lembrado do tema de nossa conversa da semana passada.

- Lembro, sim. Nós conversamos sobre virtude, ser feliz e não atrapalhar a felicidade dos outros. Eu até queria falar com você sobre isso.

- É mesmo?

A parceria parece dar seus frutos. Pela primeira vez, o debate começa com o Leo.

- É. Eu estava vendo o jornal na televisão com meu pai. Estava passando um tipo de pesquisa sobre educação. E aí, um grupo de repórteres fazia perguntas para ver se as pessoas davam informações.

- Eu vi essa pesquisa.

- Pois é, eu achei absurdo as pessoas se recusarem a dar informações.

- Sei... – Fred não faz nenhuma interpretação ou comentário, para observar até onde o Leo vai.

- Você não acha absurdo?

- Acho muito errado.

- Não basta achar errado. As pessoas deviam ser obrigadas a ajudar os outros.

Era isso que o Fred estava esperando. O nível de agitação que o fato havia provocado no Leonardo. Agora, ele podia entrar na conversa.

- Leo, eu também fico muito triste, quando encontro pessoas que não se solidarizam com o problema dos outros. Você sabe o que é se solidarizar?

- Não.

- Significa envolver-se, sensibilizar-se, fazer alguma coisa para ajudar.

- Você só fica triste?

- Se você acha que é "só". O que você sugere?

- Deveria ter uma maneira de forçar as pessoas a ajudar.

- Não vou discutir com você o "como" você faria isso, pois tomaria todo nosso tempo de hoje e, ainda assim, não terminaríamos a discussão. Mas, você não acha que as pessoas têm o direito de escolher o que fazer?

- Acho.

- Preste atenção, porque o direito de escolher inclui o direito de fazer o que você acha errado.

- Aí eu acho que não.

- Veja bem, que direito de escolha é esse que a pessoa só pode escolher o que VOCÊ acha certo?

Leo fica confuso. A conclusão de Fred é muito forte e ele não tem como responder.

- Não estou te entendendo. Você não acha errado?
- Leo, preste bem atenção. Eu acho errado não dar a informação. Nesse ponto eu concordo com você. Entretanto, obrigar as pessoas a tomar determinada atitude também está errado. Elas devem escolher por si. Um erro não justifica o outro.

Leo agora fica em silêncio. Parece pensar sobre o que o acaba de ouvir. Depois de um certo tempo, Fred continua.

- Veja se você consegue me dizer. Será que o incomoda o fato de você fazer o certo e as demais pessoas não?
- Sim. É lógico que me incomoda.
- E se você percebesse todas as pessoas fazendo o "errado", você faria o "certo"?
- Como assim? – Leo ouviu a pergunta, mas, como não sabia o que responder, devolveu com outra pergunta para ganhar tempo.
- Para você fazer o "certo" é preciso que os outros façam também? – complementa Fred.
- Não sei. – Leo segue sem resposta.
- Pois é, Leo, essa será nossa reflexão de hoje. Eu penso o seguinte:

Escolha fazer o que é certo.

- A opção de fazer o "certo" deve ser independente das escolhas das outras pessoas. Entretanto, como a própria expressão coloca, você deve escolher isso. Você entende?
- Acho que sim. Você quer dizer que deve partir de dentro. Ok. Vou pensar.
- Para ajudá-lo, vou lhe contar a história de uma pessoa chamada Agostinho, que depois ficou conhecido como Santo Agostinho.
- Ele foi um Santo?
- Sim. Ele foi considerado Santo pela Igreja Católica muito tempo depois de sua morte, que ocorreu em 430 d.C. Agostinho trouxe até nós um conceito muito interessante, o livre-arbítrio. Você sabe o que significa?
- Mais ou menos.
- Livre-arbítrio representa a liberdade de escolha que nós possuímos. Todos nós, a cada momento, fazemos escolhas, algumas simples, como a roupa que vamos usar no sábado, e outras mais difíceis como a carreira que vamos seguir. Porém, em ambos os casos, assim como em vários outros, somos livres para esco-

lher, temos o livre-arbítrio. Se você "forçar" as pessoas, como você mesmo disse, a realizar determinada opção, estará retirando o livre-arbítrio delas.
- Mas eu não posso decidir tudo o que acontece comigo?
- Não pode, isso é verdade. Entretanto, essa também não é a ideia do livre-arbítrio. Certas coisas estão além de nossas escolhas. Hoje, você chegou atrasado. Por quê?
- Teve um acidente, um atropelamento.
- Você não teve como evitar o acidente. Não faz parte das escolhas que você pode fazer.
- Isso é lógico.
- Mas se o acidente fosse perto, e você visse alguém machucado. Poderia optar em ajudar a pessoa ou não. Não é mesmo?
- Sim.
- Esse seria um exemplo de exercer o livre-arbítrio. Está nas suas mãos escolher ajudar a pessoa ou não, mas não está nas suas mãos decidir se o acidente vai acontecer ou não.
Agora parece que o Leo entendeu a ideia e não demonstra mais aquele radicalismo do início da conversa.
- Acho que entendi.
- Entendeu mesmo? E continua achando que devemos "obrigar" as pessoas a fazer o que pensamos ser certo?
- Não.
- Por que não?
- Acho que as pessoas devem responder pelas próprias escolhas.
- Legal o que você disse, sabia? Agostinho falou exatamente isso:

"Se as pessoas não são responsáveis por suas escolhas, como podem ser premiadas ou punidas por elas?"

Leo e Fred balançam juntos as suas cabeças, em sinal de afirmação. Através de um debate sincero, chegaram a conclusões importantes. Leo tem vontade de dizer o quanto gostou da conversa e quanto aprendeu, mas ainda não se sente à vontade para esta demonstração de carinho. Então, tenta se aproveitar um pouquinho:
- Fred, então, pensa comigo. Cheguei atrasado, porque teve um acidente. Não tenho como evitar o acidente, não foi minha culpa. Logo, não tive culpa em chegar atrasado.

- Quase isso. Você não tem como impedir um atropelamento, mas tem como sair mais cedo, para chegar na hora, mesmo no caso de acontecer um acidente. Essa última escolha depende somente de você.

Leo acha engraçado a resposta de Fred e retruca:

- Não há como ganhá-lo!
- Não é bem assim e tome cuidado. Você deve saber utilizar o conhecimento obtido em nossas conversas. Está aprendendo argumentações poderosas, que devem ser utilizadas para o bem, ou seja, para trazer felicidade para você e demais pessoas. Não as utilize para levar vantagem ou ganhar discussões sem propósito[24].
- Tudo bem. Pode deixar.
- Mais uma vez, nosso tempo voou e já terminou.
- É uma pena!
- Fico feliz por você ter gostado. Eu também adorei nosso diálogo de hoje. Se você quiser saber mais sobre o livre-arbítrio, procure na internet.
- Sim, vou procurar.
- E não se esqueça da reflexão de hoje.
- Não esquecerei, não. Agora, eu tenho que ir. Valeu, Fred! Fui!
- Valeu, Leo!

Os dois cerram e batem os punhos. Um tipo de cumprimento adolescente. A cada semana, os dois se tornam mais próximos, mais amigos.

* * *

---

[24] Propósito: objetivo

CAPÍTULO 12

Ao chegar a casa, Joana percebe que seu filho apresenta um comportamento mais tranquilo. Não fez corpo mole para ir a terapia. No caminho, não demonstrou irritação e agora, na volta, está calmo. Aliás, todos os dias ele parece mais sereno. Joana tem vontade de puxar conversa sobre a situação, mas lembra que seu marido pediu para pressionar menos o filho. Permitir que ele traga as dúvidas, os debates.

Leo entra no seu quarto e a primeira coisa que faz é ligar o computador. Havia marcado uma hora para que todos entrassem no chat de sempre. Ao acessar, percebe que Chico, Teresa e Heitor já estão conectados. Chico e Teresa discutem como sempre:

- Vamos fazer uma aposta, então! – Chico desafia.
- Qual? Pode dizer que eu topo! – Teresa não se afeta.
- Vamos apostar o lanche de segunda!
- Galera, não acho que essa história de apostar dinheiro seja legal. – Heitor interrompe.
- O Heitor tem razão. Vamos fazer outra aposta. – Teresa concorda.
- Sabia que você ia amarelar! – Chico sempre provocando – O que você sugere?
- Quem perder tem que beijar a camisa e cantar o hino do outro time na frente da turma.
- Tudo bem, fechado! Heitor você é testemunha! A Teresa não vai poder dizer que não apostou!
- Eu também sou testemunha. – Leo sinaliza que entrou na conversa.
- E aí, Leo? Obviamente, você não pode entrar na aposta, já que seu time foi eliminado! – Chico não perde uma oportunidade de zoar alguém.
- Nisso eu tenho que concordar com o Chico. ELIMINADO!!! – Teresa não se segura.
- Que vergonha aquele jogo no domingo, hein, Leo? – até o Heitor participa da zoação.
- Heitor, e você que foi eliminado antes! Tá falando o quê? – Leo tenta tirar foco do seu problema.

- Mas eu já fui zoado. Agora é a sua vez.

- É, amigo, agora é a sua vez. - Sid entra na conversa e o seu time é o mesmo do Heitor.

- Tudo bem, eu aceito. - Leo parece não se incomodar com a brincadeira

- O que está acontecendo com você???? - Chico está assustado.

- Como assim? - Leo não entende.

- Você aceita a zoação sem revidar. Você há três semanas não sai de sala e nem é chamado à atenção pelos professores. Você não tem nem discutido com os outros no recreio!!! - Chico explica o motivo de sua reação.

- Tenho que concordar com o Chico, você está mudado. - Teresa de modo singelo, mostra sua opinião.

- Galera, aposto que ele não mudou em tudo. Quando vierem as notas, veremos o velho e bom Leonardo! - Heitor como sempre direciona todas as discussões para as notas.

- Não sei dizer por quê. Acho que estou entendendo melhor como tudo funciona. - Leo tenta esclarecer.

- Tá virando nerd, hein! - Chico ironiza.

- Isso eu duvido! - Heitor não quer alguém para competir pelas notas.

- Comportar-se melhor não significa necessariamente virar nerd. - Teresa avisa. - Eu, por exemplo, tenho bom comportamento e não tiro notões.

- Mas se você presta atenção na aula, aprende melhor e pode tirar notas melhores. - Sid discorda.

- Eu acho que, para tirar notas boas, tem que ser puxa-saco como o Heitor - Chico é uma metralhadora giratória, não perdoa ninguém.

- Melhor ser conhecido como puxa-saco do que burro e sem graça! - Heitor devolve a agressão.

- Eu também acho. - Teresa concorda.

- Eu não. - Sid discorda.

Já faz algum tempo que Leo não tecla. Está pensativo sobre a abordagem do Chico e da Teresa.

- *Será que eu mudei? Não consigo perceber isso. Lógico, que existem alguns fatos inegáveis. Realmente, não sou retirado de sala há algum tempo. Nem meus pais brigaram comigo nos últimos tempos. Não consigo entender...*

- Leo, você está aí? – Sid pergunta pelo amigo.
- Sim. O que houve?
- Está viajando, cara? – Chico pergunta.
- Estamos discutindo se é melhor ser puxa-saco ou burro? – Sid busca a opinião de Leo.
- Que discussão é essa? Eu prefiro ser bonito e inteligente!
- Tente na próxima vida, então! – Chico não perde uma chance. - Aliás, é melhor na próxima vida, você tentar uma das duas, pois seria pedir muito. E na outra, você tenta as duas coisas.
- Preferir ser bonito até vai, Leo. Não posso dizer que você é FEEIO! Mas inteligente, tem que fazer muita promessa! – Teresa opina.
- Ah, é! Vou provar para vocês que não sou burro! Vão ver nas próximas provas! – desabafa Leo.
- Espero que você já tenha começado a estudar, pois o próximo teste de Geografia é daqui a duas semanas. – Heitor tem o calendário escolar na cabeça.
- Eu não preciso estudar antes, porque sou muito inteligente! – Leo tenta tirar onda.
- Tudo bem. Vamos ver. – Heitor desafia.
- Vamos ver! Quer apostar? – Leo não se intimida e devolve o desafio.
- Quero sim.
- Vamos apostar um lanche que eu tiro uma nota maior que a sua?
- Ué, Heitor. Você não disse que era errado apostar dinheiro? Não estou entendendo? – Teresa alfineta.
- Pode deixar, Tetê. Eu me garanto. Está apostado!
- Tem certeza? Temos várias testemunhas...
- Vai amarelar?
- Não. Por mim, está fechadíssimo!
- Galera, eu tenho que ir, porque minha mãe me chamou para jantar. Eu só queria deixar uma ideia final. Leo, você conseguiu algo que eu achava impossível. Apostou com o melhor aluno da turma que vai tirar uma nota maior que a dele, ou seja, você fez uma aposta burra para

provar que você é mais burro! Rsrsrsrsrs... Fui! – Chico finaliza sua participação.

- Agora, que já realizei o meu ganho, também posso ir. Nos vemos na escola. Valeu Sid, Teresa e Patinho! – Heitor se despede.

- Leo, você ficou maluco? Que aposta é essa? – Sid, como sempre, tenta mostrar a razão para seu amigo.

- Por quê? Você acha que eu não consigo? Até você, Sid?

- Não é isso, Leo. Você não precisa provar nada. Não precisava ter feito a aposta. – Teresa faz coro com Sid.

- Mas você mesma disse que eu sou burro. EU NÃO SOU BURRO! – responde revoltado.

- Foi brincadeira e eu te peço desculpa.

- Sabemos que você não é burro, mas você não precisava fazer uma aposta para provar isso. Não é porque você apostou contra o Heitor. Não é porque ele é "melhor" que você. Simplesmente, não precisava apostar. Só isso.

- Querem saber, ninguém me obrigou. A decisão foi minha. Foi minha escolha.

- Tudo bem. Tenho que ir também. Fui! – Teresa se despede.

- Leo, também tenho que ir. Vamos ao cinema no sábado? Vai lançar "O Novo Retorno dos Zumbis Carnívoros 5.0".

- Sid, você e esses filmes trash. Vamos sim.

- Valeu! Fui!

Leo ouve sua mãe chamando para o lanche da noite, mas relembra a sessão com o Fred. Falaram sobre livre-arbítrio e, coincidentemente, ele acabou de usá-lo quando fez a aposta com o Heitor. Tem vontade e pesquisa na net sobre o assunto.

AGOSTINHO e o LIVRE-ARBÍTRIO

Aurelius Augustinus contribuiu com seus pensamentos, na Idade Média, para a construção e caracterização dos valores e modo de vida dessa época. Na história é mais conhecido como Santo Agostinho que nasceu em uma província romana ao norte da África em 13 de novembro de 354 d.C. e passou por uma infância e juventude impulsiva. Como era estudioso, alcançou toda a ciência de seu tempo e fez opção pela corrente do pensador grego Platão.

Tornou-se professor de retórica de vários campos de estudos importantes como o de Milão escrevendo obras como "Confissões", relatando sua vida, inicialmente, não cristã e sua posterior trajetória, dentro do ideal cristão. Seu livro acabaria tornando-se um marco para a história medieval ocidental. Na sua obra "Livre Arbítrio", Agostinho contesta a ideia de que Deus pudesse ser um "Sobrenatural Castigador" e que daria origem ao pecado, e é para combater esta ideia que ele passa sua visão: a de que existe liberdade humana para escolher no seu próprio meio, assim a origem do mal não vem de Deus, mas sim de um mal moral onde temos a liberdade para decidir entre bem ou mal.

A história de Agostinho mistura-se com a do cristianismo medieval, pois a sua conversão o faz abrir mão de todos os seus bens e construir um monastério onde segue sua vida e obra

* * *

CAPÍTULO 13

- Mãe, hoje à tarde, eu posso ir ao cinema com o Sid? – Leo tinha o hábito de pedir as coisas em cima da hora.
- Poxa, Leo, já falei para você avisar com antecedência. – Joana já havia pedido algumas vezes, mas o garoto sempre esquecia. – Estou com vontade de não deixar, só para você aprender.
- Mãe, desculpa. Você sabe como eu sou esquecido. – Leo faz aquela voz manhosa-convence-mãe.
- Infelizmente, eu sei sim. Gostaria de saber quando eu vou deixar de saber isso.

Leo procura sempre pedir qualquer coisa para seu pai, por ser mais fácil. Porém, neste sábado, ele teve reunião no trabalho e não teve jeito. Foi obrigado a encarar sua mãe.

- Prometo que, na próxima, vou pedir com antecedência.
- Você já prometeu da última vez. Como sempre, prometeu e não cumpriu. Mas tudo bem, eu vou deixar. E você sabe por quê?
- Não.
- Porque seu comportamento melhorou muito. Então, vou deixar como forma de recompensa.

Que alívio! Só depois, ele repara no que sua mãe disse.

- *Um elogio!? Não me lembro da última vez que minha mãe me elogiou. Acho que eu tinha uns 10 meses.*
- Você escutou? Estou muito feliz com seu atual comportamento e por isso vou até lhe dar uma carona para o shopping.
- Valeu, mãe!

Com tudo certo e carona arrumada, Leo vai avisar Sid e marcar a hora.

* * *

- Chegando ao shopping, os amigos vão direto para fila do cinema. Atrasaram-se e estão em cima da hora do filme. Esperando na fila, ansiosos devido ao horário, têm a sensação de que não saem do lugar.
- Poxa, Sid, a fila não anda.

— Lógico, olha só – Sid aponta e mostra para Leo – quantas pessoas furando a fila.

— É mesmo. Assim não dá.

— Espera aqui, que eu vou tentar encontrar alguém na fila, para comprar os nossos ingressos.

Sid sai à procura de um amigo ou conhecido para, através do mesmo artifício[25] dos outros, conseguir comprar os ingressos a tempo de assistir ao filme. Enquanto isso, Leo aguarda, quando um senhor de óculos e uma longa barba grisalha, que está logo atrás na fila e parece preocupado em conseguir ingresso para o seu filme, puxa assunto.

— Seu amigo foi tentar furar a fila, não é?

— Não, foi procurar um amigo nosso que está lá na frente. – responde e se vira logo em seguida para frente, evitando contato visual com o senhor.

— E como se chama isso?

— Não sei. Acho que se chama "procurar o amigo" – responde com uma voz debochada.

— Não. Isso é "furar a fila" – o homem fala lentamente, como se estivesse soletrando. – E a fila não anda, porque as pessoas fazem exatamente isso.

— Mas se todos estão fazendo?!

— Então, você acha que o fato de todos fazerem lhe dá o direito de fazer também.

Neste momento, Leo percebe lá na frente o aceno de Sid, chamando-o com os ingressos na mão. Sai rapidamente e nem ouve o homem, que continua a falar sozinho.

— Consegui, Leo, vamos entrar logo.

— Beleza! Você me salvou! O cara lá na fila até parecia o Napoleão me dando esporro.

* * *

Após o término da sessão. A dupla sai super animada.

— Caramba, o filme foi muito maneiro! E aquela hora que a família tenta defender a casa da invasão dos zumbis, atirando com estilingues! – Sid comenta empolgadíssimo uma cena, ao sair do cinema.

— Também me amarrei. Mas preferi aquela cena, em que o zumbi, sem pernas e braços, persegue a garotinha.

— Vamos fazer um lanche?

---

25 Artifício: emprego de meio inteligente

- Vamos!

Sid e Leo sentam na lanchonete com seus sanduíches e, depois de falarem sobre outras cenas do filme, Sid puxa assunto:

- E aí, Leo? Parece que o tratamento está dando certo?
- Que tratamento? – Leo não associa.
- Ué, o tratamento com o psicólogo.
- Ah... – agora ele lembra - ...não é psicólogo, é pedagogo eu já lhe disse.
- Para mim não faz diferença. Eu não sei o que significa exatamente nenhum dos dois.
- Eu também não sabia, mas outro dia o Fred me explicou. Por que você está dizendo isso?
- Não se lembra da nossa conversa no chat essa semana?
- O que que tem?
- Todo mundo está achando que você está diferente.
- EU NÃO ESTOU DIFERENTE! – Leo se irrita e levanta a voz.
- Calma, amigo! - Sid estica a mão e, segurando o braço de Leo, tenta acalmá--lo - Qual o problema de estar diferente?
- Eu não quero mudar.
- Tem certeza? E por que você não quer mudar?
- *Sid está até parecendo o Fred. – pensa Leo. – Que pergunta difícil!*
- Diga-me, por que você não vai querer mudar, se for para melhor! Nós sempre podemos mudar, você não acha?

Leo fica reflexivo e demora um tempo para responder, mas resolve "dar o braço a torcer".

- Você tem razão. Nós podemos mudar e não devemos ter vergonha. Você acha que eu mudei tanto assim?
- Mais ou menos. Algumas coisas sim, outras não.
- Como assim? Explique-me?
- Seu comportamento na escola melhorou. Melhorou muito. Você parece mais sensato. Não usa mais justificativas toscas, como antes. Você acha que foi o tratamento?
- Sid, não chame de tratamento, porque eu me sinto mal. E quer saber, eu tenho gostado de meus papos com o Fred.
- É maneiro mesmo?
- É sim. Primeiro, eu pensei que ele fosse me doutrinar, obrigar-me a fazer as coisas, mas não é assim. A gente conversa sobre tudo, ele me ouve e depois eu o

ouço, e chegamos juntos ao resultado.
- Que bom que você está gostando. Já falou para seus pais?
- Não. Tenho vontade de falar para o meu pai, mas ainda não tive coragem. Sei lá, é estranho.
- Lembra que eu lhe falei que você só mudou em algumas coisas. Por exemplo, você continua teimoso. Conta para seus pais, eles vão ficar super felizes!
- Não é teimosia, mas é difícil assumir quando estamos errados. Quando eu tiver vontade, eu falo.
- Tudo bem. Você que sabe. Já terminou o sanduíche? Podemos ir?
- Sim.
- Ei, garoto! Não era você que estava na minha frente, na fila? – o senhor de óculos e barba grisalha enorme senta na lanchonete ao lado de Leo.
- Acho que não... – Leo tenta despistar.
- Era sim. Não adianta mentir. – o senhor interrompe a mentira de Leo – Você sabia que por causa de pessoas como você que furam fila, eu perdi o filme que queria ver e fui obrigado a assistir a um outro péssimo que tinha uns zumbis, um filme horroroso!

Leo tem vontade de dizer para o senhor que o filme foi super legal, mas fica assustado com a bronca e sai de fininho. Porém, ainda ouve o senhor dizendo:
- Hei, não faça mais isso! Não é certo!

As últimas palavras do senhor mexem com Leonardo. Passou as últimas semanas estudando ética, discutindo certo e errado, e, na hora H, comete uma gafe[26] como essa. Depois de se afastar da lanchonete, resolve desabafar com o Sid.
- Puxa, Sid, acho que não deveríamos ter furado a fila.
- Mas, Leo, teríamos perdido o início do filme.
- Eu sei. Então, deveríamos ter saído mais cedo, pois um erro não justifica o outro. Deveríamos ter esperado nossa vez como todo mundo.
- Como todo mundo não. Todos estavam furando a fila.
- Todos não. Aquele senhor, por exemplo, não furou a fila. E, além do mais, não importa o que os outros estão fazendo. Cada um de nós deve fazer a sua escolha, e eu estou arrependido da minha. Não quero mais me sentir assim.
- E aí?
- E aí que não vou mais furar a fila do cinema.
- Só do cinema, né?
- Lógico que não. Qualquer fila.

---
26 Gafe: falha com falta de cortesia

Os dois caminham durante um tempo em silêncio. Sentimento de culpa pesa demais. Sid rompe o silêncio.
- Acho que você tem razão. Concordo com você. Agora, pensando melhor, também me sinto mal. Está errado.
- Você sabe por que se sente mal?
- Não.
- Porque nós prejudicamos uma pessoa. Não sei se foi uma, duas ou dez. Não é essa a questão. Quebramos a regra em benefício próprio, e, dessa forma, prejudicamos outras pessoas.
- Que maneiro isso, Leo. Onde você aprendeu?
- Foi com o Fred.
- É, como estávamos conversando, têm surtido efeito esses encontros.

PARA PENSAR...

- Você acha que as pessoas devem ter o direito de escolha, mesmo que signifique escolher fazer algo errado?
- Você concorda com a citação: *"Um erro não justifica um outro."*
- Você achou correta a decisão de Sid e Leo de furarem a fila do cinema?
- Você concorda com a ideia de Sid, que sempre podemos mudar?

---

* * *

LIÇÃO 4

TRATE OS OUTROS COMO GOSTARIA QUE FOSSE TRATADO

CAPÍTULO 14

- Oie! Tem alguém aí? – Carlos abre a porta de casa e parece ansioso para encontrar seus familiares, mas ninguém responde. Assim, ele fica um pouco decepcionado e se sente sozinho. Depois de um dia inteiro de trabalho com hora-extra não remunerada, a compensação seria comer uma pizza com sua mulher e filho. Porém, quando entra na sala...

- Ué, você está aí? Por que não respondeu quando eu perguntei?
- Estava distraída. Não ouvi. – Joana está sentada no sofá, assistindo à televisão.
- Mas não é possível. Perguntei tão alto.

Joana não responde. Não parece muito empolgada em conversar com seu marido.

- Onde está o Leo?
- Ele e Sid foram ao shopping e eu dei uma carona. Foram assistir a um daqueles filmes de terror que gostam. Acabei de chegar.
- Não vai perguntar como foi meu dia?
- Como foi seu dia? – Joana responde ao pedido de seu marido, mas nem tira os olhos da TV.
- Nossa! Você deve estar morrendo de curiosidade! Acho que devia estar contando os segundos para que eu chegasse e pudesse perguntar como foi meu dia. – Carlos ironiza.
- O que há, hein? Acabou de chegar e já vem me perturbando! Deixe-me ver minha novela!
- Está bem. Desculpe!

Depois da pequena discussão. Carlos vai para o banheiro, para tirar o paletó e tomar um banho relaxante.

Entra no chuveiro, apoia as mãos na parede, inclina-se e deixa a água morna bater em sua nuca. Passa o banho pensando na vida. No trabalho, não consegue a promoção que espera há muito tempo. Observa os executivos que entraram junto com ele subirem de cargo, e ele continua na mesma. E para piorar o momento não é dos melhores para a empresa, que sofre com novos concorrentes. Assim, ele tem trabalhado muito mais para ganhar a mesma coisa. E o casamento? Joana tem tornado a vida dentro de casa muito difícil. Controladora demais, fica no pé dos dois homens da casa, não deixando que façam nada que ela não queira. Não dá uma demonstração de carinho. Agora, por exemplo, chegou a casa tarde, no sábado, e nenhum beijo ou abraço! Bem, aparentemente, a única vitória, no momento, é o Leonardo. Ele melhorou, sem dúvida.

Termina o banho. Fecha a ducha e se prepara para tentar mais uma conversa com sua esposa. Após se secar e colocar seu pijama, retorna para a sala.

- Jô, como foi o comportamento do Leo esta semana? Algum problema?
- Nenhum. – desta vez Joana olha para Carlos, mas de forma tão seca quanto sua resposta.
- Algum problema na escola? No prédio?
- Nenhum.
- O Fred falou alguma coisa?
- Nada.
- Joana, o que você tem? Por que está tão áspera[27] comigo?

Ela gira a cabeça lentamente no sentido de Carlos, parecendo a menina do Exorcista, e com um olhar fulminante responde:

- Eu estou bem. Não tenho nada.

Carlos desiste. Pelo menos, por enquanto. Sabe o quanto sua esposa é teimosa. Se ela não quer falar agora, não adianta tentar. Resolve pedir a pizza por telefone.

Enquanto o lanche não chega. Senta na poltrona ao lado do sofá e de frente para a TV. Joana não muda em nada sua postura, parece que nem percebe a presença de seu marido. Durante dez minutos, o ambiente se torna mais tenso do que já era. Nenhum dos dois fala nada. Vozes, somente aquelas vindas da televisão. Carlos resolve tentar mais uma vez:

- Jô, você gosta desta novela?
- Não.
- Então, por que está vendo?
- Não tem nada melhor.

---

27 Áspera: desagradável, rigorosa

- Está passando um ótimo filme... – Carlos pega no controle remoto quando Joana o interrompe.
- Não troque de canal!
- Está bem. Não precisa se estressar.

Mais vinte minutos. O tempo passa e, entre uma novela com personagens sem graça e comerciais de sabão em pó, o clima se torna mais monótono e menos pesado.

- Jô, esta novela é um saco! Conte-me sobre seu dia.
- Então você só quer saber do meu dia porque ele deve ser menos chato que a novela!

Que mancada, Carlos!

- Não! Lógico que não! Chego cansado e você me recebe com cinco pedras na mão!
- Você não tem sentimentos! – Joana, além de teimosa, é dramática – Há quanto tempo não conversamos sobre nós? Você sabe dizer?
- Como assim? Não entendi.
- Carlos, as mulheres gostam de ser ouvidas. Nós gostamos de conversar. Há quanto tempo não fazemos isso.
- Não sei precisar isso. Mas você sabe que eu tenho trabalhado demais. – o marido tenta defender-se.
- Eu sei sim. E eu? Também não tenho trabalhado demais?

Mais uma mancada! Joana podia ser teimosa, dramática, mas trabalhava duro. Dentro e fora de casa, era uma batalhadora.

- E trabalho pesado, dentro e fora de casa! Quando chego em casa, ainda tenho que preparar o jantar e verificar as necessidades do Leo. – Joana complementa e agora está furiosa.

Carlos é golpeado. Não tem resposta para dar. Mas, como é um homem equilibrado e tem habilidade no diálogo, percebe que deve recuar.

- Você tem razão. Concordo com você. O trabalho não pode ser desculpa.

Os dois ficam em silêncio. Carlos deveria completar sua fala. Dizer que sente por estar ausente, que vai dar mais atenção, que vão sair juntos etc. Mas é o dia das mancadas.

- E? – Joana cobra a sequência do pensamento.
- Não sei, Jô. Não sei o que dizer para você.

Trinnnn! Toca o interfone.

Os dois se olham ainda por alguns segundos, quando Carlos deixa a discussão para atender o interfone e permitir a subida do entregador de pizza.

Joana volta para o sofá, para sua novela. Carlos recebe a pizza e se senta à mesa de jantar, se distanciando de sua esposa. Carlos oferece uma fatia, mas Joana recusa e se mantém em silêncio. A pizza quebrou o diálogo que já devia ter sido travado há bastante tempo. O relacionamento não está sendo bom para ambos, mas eles têm evitado conversar sobre isso. É tão difícil falar o que os outros não querem ouvir, quanto ouvir o que os outros querem falar.

* * *

CAPÍTULO 15

- Mãe, vamos logo! O trânsito está péssimo e vamos nos atrasar!
Leo apressa sua mãe. Não quer se atrasar para o encontro com Fred.
- Calma, menino! Já estou indo!
No carro, a caminho da sala do Fred, Leo fica calado. Joana percebe seu filho olhando pela janela, com uma aparência que demonstra concentração e ansiedade.
Ao chegarem ao consultório, Leo cumprimenta Fred e entra direto na sala, sem esperar ser convidado. Na sala de espera, Fred comenta com Joana:
- Nossa! Que pressa!
- Pois é, Fred. Estou tão feliz! Você acredita que hoje ele me apressou, para não chegar atrasado. Ele já está vindo com prazer.
- Fico muito contente de ouvir isso. Entretanto, o mais importante é o seu amadurecimento que observo em nossos debates. Ele a cada dia está mais participativo, e suas colocações e conclusões mais criteriosas[28] e inteligentes. Como está seu comportamento na escola e em casa?
- Há algum tempo não vou à escola e não tenho um contato da direção. Então, com certeza está melhor.
- Por quê?
- Exatamente porque eu não vou à escola. O que significa que ele não tem dado problema. Vou ligar ainda hoje para a orientadora, e qualquer novidade eu lhe digo.
- Tudo bem. É melhor que eu entre, pois ele já deve estar impaciente.

* * *

- Parabéns! Chegou na hora hoje.
- É, eu procurei sair mais cedo.
- Algum motivo especial para isso?
- Deveria ter? É bom chegar cedo, podemos fazer tudo da maneira certa.
- Estou sentindo que tem algo importante para você por trás disso.
- Acho que estou ansioso dessa maneira, porque eu queria conversar com você sobre uma coisa que me aconteceu no sábado.
- Pode falar.

---

28 Criteriosas: ponderadas, que seguem critério

- Eu e o Sid fomos ao cinema e, como chegamos um pouco atrasados, tivemos que furar a fila para não perder o filme.

- E...? – Fred pede que Leo continue a sua narração.

- Aí um senhor de barba me deu o maior esporro porque eu furei a fila, e eu me senti super mal.

- Mas você se sentiu mal devido ao esporro ou por ter furado a fila?

- O esporro me despertou para o que eu tinha feito, mas depois eu fiquei chateado comigo mesmo. – o garoto demonstra grande frustração com a situação.

- Leo, não fique assim. Não se cobre tanto. É comum cometer esse tipo de erro. Não significa que seja permitido, que você pode fazer quando tiver vontade. Temos que respeitar o direito uns dos outros. O mais importante é que você refletiu sobre seu erro. Você se arrependeu?

- Sim.

- Pediria desculpas ao senhor que você prejudicou?

Pausa. Pedir desculpas era um desafio para Leo. Sua teimosia e timidez faziam com que ele fosse fechado e tivesse dificuldade de expor seus sentimentos. Fred respeita a pausa e não insiste. Espera o tempo do Leo que depois responde:

- Tenho vontade sim. Mas não é fácil...

- Nisso você tem razão. Algumas coisas são difíceis para nós. Quando tinha sua idade, eu também tinha dificuldade de pedir desculpa. Eu tinha dificuldade de aceitar que eu estava errado.

- Meus amigos dizem que eu sou teimoso. – relembra Leo.

- Vou lhe dizer uma coisa: se você quiser, você pode mudar. Mas você tem que querer! – sentencia Fred.

As palavras de Fred lembram as de Sid, e Leo analisa a situação por um momento:

- *Não há nenhum problema em mudar. Especialmente, se for para melhor, e uma mudança que nós queremos...*

- Sei que você está pensando sobre o assunto, e não gostaria de atrapalhá-lo, mas devemos aproveitar nosso tempo juntos. – Fred interrompe a reflexão de Leo, que fica para depois – Eu lhe falei que devemos respeitar o direito uns dos outros, lembra?

- Sim.

- Você acha que respeitou o direito do senhor de barba?

- Já disse que não, por isso que eu me senti mal.

- Você sabia que um homem há mais de 200 anos atrás escreveu sobre isso. Imanuel Kant foi um filósofo que escreveu muito sobre ética e direito. Segundo ele, deveríamos moldar nossas ações de tal forma que nossos direitos não entrassem em conflito com o direito dos outros. Não foi o que aconteceu entre você e o senhor de barba? Sua atitude não prejudicou o direito dele?
- Sim, foi isso mesmo. Mas, às vezes, é difícil sabermos se estamos prejudicando outra pessoa.
- Concordo com você. Então, eu tenho uma dica para lhe dar. Utilize a "Regra de Ouro".
- Que regra é essa??? Eu não conheço! – a expressão desperta uma enorme curiosidade em Leo, que já estava atento à conversa e agora nem pisca.
- Encontramos referências à '"Regra de Ouro" em vários pensadores e religiões do mundo. Mas como estamos falando de Kant, vou lhe explicar, utilizando um termo cunhado[29] por ele:

"Age apenas segundo uma máxima, tal que possas ao mesmo tempo querer que ela se torne lei universal"

- Não entendi NADA!
- Com essa frase, Kant pretendia explicar o que ele chamou de "Imperativos Categóricos". A explicação é um pouco complicada para você entender...
- Ei! Está me chamando de burro! – Leo interrompe e demonstra irritação.
- Não, de forma alguma, Leo. – Fred tenta se desculpar da sua colocação inadequada – É que a teoria de Kant é difícil para qualquer pessoa entender.
- Então, resume para mim.
- Está bem. Kant dizia que devemos ter atitudes, que nós gostaríamos que todos naquela posição tivessem. Por exemplo, quando você estava na fila. Você gostou quando outras pessoas furaram na sua frente?
- Lógico que não.
- Então, se você não gostou do que fizeram com você, não deveria agir da mesma forma. É uma regra para todos que estão em uma fila, respeitar a vez dos outros.
- Mas onde está escrito isso?
- Isso é o mais legal da filosofia de Kant. Segundo ele, existem as regras externas, às quais você é obrigado a obedecer. Você não pode roubar, certo? Isso

---
29 Cunhado: construído

é lei. Porém, existem regras éticas que não estão escritas em uma lei formal e que você escolhe cumprir, em nome de um bem comum ou da felicidade do outro. Para ele isso é moral, não precisa estar escrito em nenhum lugar. Você carrega aqui dentro. – Fred aponta intensamente para o lado esquerdo do peito de Leo - Você sabe que não deve furar a fila, que não deve desrespeitar a vez dos outros, não sabe?
 - Sei. Até porque eu também não gosto que ajam assim comigo.
 - A "Regra de Ouro" diz exatamente isso:

"Trate os outros como gostaria que fosse tratado."

 - E eu sugiro que você carregue esse pensamento com você. Sempre que você tiver dúvida, se é certo ou errado determinado comportamento, utilize essa regra. – conclui Fred.
Leo fica mais uma vez em silêncio. Mas se das outras vezes ele ficou perplexo e arrependido de suas falhas, dessa vez ele tem outro sentimento. Leo é tomado de uma enorme felicidade. Ele dá um sorriso enigmático[30], e Fred pergunta:
 - Tudo bem, Leo? Você entendeu o que eu disse?
 - Então, poderíamos resumir o que vimos até agora em uma "Regra de Ouro"?
 - Se você acreditar na ideia que ela representa, eu diria que sim. Você acredita na importância e no valor dela?
Depois de um certo tempo, em que ainda pareceu perdido em seus pensamentos, Leo responde:
 - Sim. Acho que acredito.
 - Parece que seus pensamentos estão longe daqui.
 - Estão e não estão. Desculpe meu jeito. Mas o que você disse faz tanto sentido, que é como se eu tivesse descoberto resposta para todas as questões. Estou aqui com você, escutando o que você está dizendo e, ao mesmo tempo, estou pensando em tudo que eu vivi de uns tempos para cá e se eu soubesse disso, teria sido diferente.
Fred se emociona. É muito gratificante para um professor sentir que seu aluno cresceu, aprendeu, com ele, formas de pensar que o ajudaram tanto. E, nesse momento, esse sentimento se concretizou. Infelizmente,...
 - Leo, fico muito feliz de ter apresentado algumas ideias que você gostou tanto. Mas, o nosso tempo acabou.
 - Tudo bem.

---
30 Enigmático: misterioso

- Mais uma coisa. Percebo que depois de alguns encontros, você está mais consciente e responsável. A nossa proposta, minha e de seus pais, era exatamente essa. Desenvolver em você essa capacidade de reflexão crítica.

- Quer dizer que não nos veremos mais?

- Não disse isso. Entretanto, o seu progresso está claro para mim...

- Mas como eu vou ficar? – Leo interrompe e a surpresa já virou desespero.

- Calma, espere eu terminar. Chegamos a um ponto em que você está mais atento às suas atitudes, e não vejo mais a obrigatoriedade de sua vinda. Mas, se você quiser e se sentir bem, poderá vir normalmente.

- Eu quero vir!

- Então, veremo-nos na próxima semana normalmente. Mas lembre que antes de responder...

- ... eu devo pensar bem.

- Exatamente. Assim, se você mudar de ideia, tudo bem. Só lhe peço para passar aqui para se despedir.

- Ok. Eu vou pensar. Tchau!

- Tchau, Leo!

Leo sai da sala vagarosamente. Ao sair, deixa um grande vazio na sala. Não só pelo espaço que ocupava fisicamente, mas deixa uma dúvida na cabeça de Fred e com ela uma tristeza: será que voltará na próxima semana? Fred não só se acostumou com o menino, como criou um grande carinho. Foi seu primeiro "paciente" adolescente, e, agora, não será o único. Fred ensinou, mas também aprendeu. E, por sentir que ainda falta algo a trocar com o antigo menino-problema, é que ele sente essa tristeza que não tem nenhuma relação com o contrato profissional estabelecido com Carlos no início.

* * *

CAPÍTULO 16

Leo chega à sua casa e ainda convive com sentimentos fortes e antagônicos[31]. Por um lado, está eufórico com as ideias que aprendeu com o Fred; porém, de outro, está triste e nervoso com a possibilidade de ser o último encontro com o pedagogo. Deita em sua cama, apoia sua cabeça sobre as mãos entrelaçadas acima do travesseiro. Olhar perdido para o teto, permanece na posição por alguns minutos com o pensamento desordenado.

Depois, a curiosidade por mais informações sobre Kant e a "Regra de Ouro" o leva à internet e seu habitual site de busca:

KANT e os IMPERATIVOS CATEGÓRICOS

Imanuel Kant, nasceu em 1724 e morreu em 1804. Nasceu, viveu e morreu em Königsberg, onde era a Prússia Oriental, próximo ao mar Báltico de onde nunca experimentou sair.

Foi um homem de vida simples, assim como sua família muito religiosa (protestante e pietista). Era pessoalmente muito metódico e sozinho, e, mesmo tendo frequentado a igreja e até pregado algumas vezes, seu deslumbramento não tem suporte teológico e sim, se torna estritamente racional, acompanhando o "Século das Luzes". Destacou-se, sendo de fértil imaginação, e vendo em Locke, Wolff, Leibnitz e Hume modelos de inspiração para seus primeiros estudos onde seguiu as tendências daquela época (século XVIII) e também teve o prazer de encantar-se pela física newtoniana. Este primeiro momento da filosofia de Kant chamamos de período pré-crítico pelo destaque dos seus primeiros envolvimentos e discussões.

Passado um tempo, Kant fica sem participar de debates e escrever, continua dando suas aulas que poderiam ser, além da matemática e ciência, também de geografia e "viajando" somente nas descrições de paisagens e locais por ele nunca visitados. Adquire neste tempo a experiência de se

---

31 Antagônicos: opostos

> refinar nos estudos ao lidar com famílias de influência naquela sociedade. O tempo em que ele se dá parece certeiro, pois suas principais obras surgirão na volta deste "silêncio", onde passa a se encontrar com toda a sua inspiração e de forma bem crítica escrevendo: *Crítica da razão pura*, considerada sua obra de valor, *Crítica ao juízo*, entre outras.
>
> O conceito de Imperativo Categórico é uma das principais contribuições do filósofo. Kant acreditava que os princípios morais poderiam ser divididos em dois grupos: circunstanciais e universais.
>
> O dever circunstancial é aquele que devemos cumprir após analisar a situação, julgando o procedimento eticamente correto utilizando a razão, ou seja, ele não é universal, existe pelo menos uma situação em que ele não deve ser cumprido.
>
> O dever universal, também denominado imperativo categórico, é aquele que devemos praticar independente da situação. Eles são absolutos, não existindo nenhuma situação em que não deve ser cumprido. Por exemplo, se um indivíduo considera que não deve matar outro ser humano em nenhuma circunstância, não matar se torna um imperativo categórico.

Na pesquisa sobre Kant, Leo não encontra nenhuma menção direta à "Regra de Ouro". Analisa que deve ser uma questão de nomenclatura[32], "Regra de Ouro" pode ser um termo mais recente ou algo do tipo. Lembra-se de que Fred disse que várias religiões do mundo falam sobre a "Regra". Então, entra no mesmo site de busca e digita a expressão.

---

32 Nomenclatura: classificação

> ## REGRA DE OURO
>
> A Regra de Ouro resume o que se chama de Ética da Reciprocidade, ou seja, o homem guia sua conduta através da empatia, que significa se colocar no lugar do outro, e da reciprocidade, como gostaria que fosse tratado. Esse princípio moral pode ser considerado a pedra fundamental de qualquer filosofia que busque atitudes éticas. A regra possui tanto valor que pode ser considerado universal, uma vez que é encontrado parafraseado em praticamente todas as religiões do mundo:
>
> - Cristianismo: *"O que vós quereis que os homens vos façam, fazei-lho também vós a eles."* (Lucas 6:31)
> - Judaísmo: *"O que é odioso para ti, não o faças ao próximo. Esta é toda lei, o resto é comentário"* (Talmude, Shabbat 31a)
> - Islamismo: *"Nenhum de vós é um crente até que deseje a seu irmão aquilo que deseja para si mesmo."* (Sunnah)
> - Hinduísmo: *"Esta é a suma do dever: trate os outros como gostaria que eles te tratassem."* (Mahabharata)
> - Budismo: *"Não atormentes o próximo com o que te aflige."* (Udanda-Varga 5:18)

Após a pesquisa, Leo fica ainda mais empolgado. Desde que seus encontros começaram com o Fred, ele tem procurado refletir sobre suas atitudes. Começou a perceber que suas atitudes afetavam inúmeras outras pessoas e, a partir desta consciência, buscou acertar. E agora com a "Regra de Ouro", ele possui um resumo para ser aplicado no dia a dia.

Depois de passar o final da tarde e boa parte da noite em sua pesquisa (inclusive, lanchou em frente à tela), Leo desliga o computador e deita, buscando o sono. Amanhã é dia de aula e acordará muito cedo. Porém, o dia foi tão empolgante que tem dificuldade para dormir. Tem vontade de conversar com alguém sobre tudo o que viveu, então se levanta de sua cama e vai até a sala, torcendo para encontrar seu pai. Já tinha vontade de conversar com ele e agora também criou coragem

Joana já dorme a essa hora. Está muito cansada depois de mais uma enorme jornada de trabalho, como sempre. Carlos está sentado em seu sofá, vendo um filme dramático antigo, gênero de que gosta tanto. Leo se aproxima:

- Pai, tudo bem? Podemos conversar?
- Oi, meu filho, é lógico. Pode falar. – Carlos diminui o som da TV e se encolhe no sofá, abrindo espaço e criando um ambiente favorável à conversa.
- Sabe, pai, queria lhe dizer que estou muito feliz com as sessões que tenho tido com o Fred. Queria te agradecer por você ter me colocado na terapia com ele.
- Poxa, filho, fico tão satisfeito de saber disso. – Carlos responde emocionado, enquanto coloca as mãos na nuca do seu filho, puxando para um abraço fraternal[33].
- Desde que eu comecei as sessões, tenho aprendido muitas ideias que têm me ajudado a melhorar meu comportamento. Não saio de sala há algum tempo, não brigo com vocês. No sábado, quando estava no shopping, eu e o Sid furamos a fila do cinema, depois eu fiquei pensando e percebi que não deveria ter feito aquilo. Arrependi-me e não vou fazer mais.

Carlos escuta atentamente. Realmente, tinha prazer em conversar com o filho, ainda mais para escutar uma narração dessa. Sente um grande alívio ao perceber o crescimento de seu filho. Leo continua:

- Hoje, eu e o Fred conversamos sobre um filósofo de 200 anos atrás e sobre a "Regra de Ouro".

Carlos já conhecia a "Regra", dos treinamentos sobre ética no trabalho, mas procurou estimular seu filho.

- É mesmo? E como é essa regra?
- Ah, pai, é fácil de entender. Se você tiver dúvida se deve fazer algo ou não, basta pensar: "Eu gostaria que fizessem isso comigo?"

Neste momento, Joana aparece na sala. Com uma cara toda amassada de quem acabou de acordar.

- Vocês estão aí? O que estão fazendo? – pergunta e se espreguiça no final.
- Oi, mãe. Estamos somente conversando.

Joana se aproxima, sentando no braço do sofá.

- Sobre o quê? Posso saber? – Joana era super controladora, é verdade, mas a pergunta foi em tom singelo, demonstrando uma curiosidade verdadeira. Não havia tom de controle, mas vontade de participar.
- Nada importante. É sobre o filme que estamos vendo. – Carlos se antecipa em responder com uma mentira para despistar Joana, e Leo vira o rosto em sua direção, com um olhar de surpresa.

---
33 Fraternal: afetuoso

- Então, está bem. Vou voltar a dormir, pois estou estafada[34]. Boa noite! – se despede com um beijo na testa de Leo e se retira lentamente.

Rapidamente, o menino interroga seu pai:
- Por que fez isso?
- Fiz o quê?
- Mentiu.
- Leo, você sabe como é sua mãe. Ela quer regular até o efeito de rotação da Terra. Eu também sei, que esse jeito dela o incomoda, então, eu me antecipei para não o deixar em uma situação difícil com ela.

Leo para um pouco. Procura utilizar uma das dicas do Fred, antes de responder, procurou pensar. Situação difícil, hein?

- *Meu pai tem razão por um lado. Realmente, minha mãe é super controladora e é melhor não facilitar, senão ela se apodera da situação. Por outro lado, não é certo mentir. Acabamos de falar sobre isso, não fazer com os outros o que não gostaríamos que fizessem com a gente. Se eu fosse chato, não iria querer que mentissem para mim, mas que falassem a verdade.*
- Pai, você já conversou com a mamãe sobre esse lado dela?
- Não, Leo. Quando você crescer, vai perceber que certas coisas são difíceis.
- Ainda não sou um adulto, mas já entendo que certas decisões são difíceis de serem alcançadas. – Leo se lembra da conversa que teve com Fred – E já entendo também que, para conseguir qualquer melhora em nossas relações pessoais, é preciso fazer a escolha de mudar.

Carlos percebe que as coisas estão ficando difíceis para ele. Leo está ganhando na argumentação e não para.

- Acabei de lhe falar sobre a "Regra de Ouro". Você acha que a usou com a mamãe, agora? Gostaria que ela mentisse para você?

Carlos fica sem resposta. Leo se levanta do sofá e caminha para seu quarto e se despede da conversa.

- Pai, acho que você está precisando de umas consultas com o Fred. Vou agendar para você.

Nocaute. Leo joga seu velho na lona.

* * *

Depois da conversa com seu filho, Carlos não consegue mais ver o filme. Sua cabeça dói, será uma enxaqueca, depois de um dia duro de trabalho, ou é a sua

---
34 Estafada: cansada

consciência que dói? Abandona o sofá e caminha até a varanda. Olha para o céu estrelado, que está maravilhoso e não combina com seus pensamentos nebulosos. Analisa por um tempo a situação que acabou de vivenciar.

- Por que estou tão chateado? Acho que estou me sentindo culpado pelo meu relacionamento com a Jô. Essa mentirinha que contei para ela representa algo muito pior. Não tenho dado a atenção de que ela precisa e merece. Não converso com ela, sinceramente, sobre nossos problemas. Não estou sendo verdadeiro. E o Leo me ajudou a ver isso. Se eu estivesse no lugar dela, gostaria que conversássemos sobre o assunto. Preciso fazer uma escolha, ou continuo fingindo que está tudo bem, ou sentamos e nos entendemos.

Retorna para a sala e percebe que muito tempo se passou, o filme já acabou e já passa da meia-noite. Agora, pelo menos, a cabeça dói menos. Sente como se uma luz tivesse lhe trazido uma resposta para o problema que estava procurando ignorar. Uma luz, que tem um nome, Leo. Seu filho, quem diria, ajudou-lhe a refletir sobre seu problema e a chegar a uma resposta.

Após escovar os dentes, passa pela porta do quarto de Leo. Abre a porta sem fazer barulho, observa seu filho que já dorme e fala baixinho:

- Obrigado, filho!

* * *

CAPÍTULO 17

Leo chega à escola e, como sempre, encontra-se com Sid na porta para entrarem juntos. Eles se cumprimentam e, normalmente conversariam sobre o que viram na televisão à noite ou algum bate-papo que tiveram na net. Mas Leo parece disperso:
- Ei, Leo! Vai me deixar falando sozinho? O que houve? – Sid dá um cutucão no amigo e pede sua atenção.
- Ah...foi mal, Sid. O que você estava dizendo? – Leo retoma o controle de suas ações.
- Estava falando sobre o chat de ontem. Hoje, o Chico vai ter que pagar a aposta que fez com a Teresa, lembra? O time dela ganhou, e agora ele vai ter que colocar o uniforme do time da Teresa e dar um beijo no escudo. Você não se lembra dessa aposta? Você estava *on-line* na hora.
- Estava sim. Eu me lembro. – Leo ainda parece um pouco distraído.
- Você está pensando em quê?
- Estava pensando na conversa que tive com meu pai, ontem. Estou preocupado com ele e a mamãe.
- Como assim?
- Acho que eles estão um pouco brigados.
- Por que você acha isso?
- Porque não os vejo mais juntos, sorrindo, brincando um com o outro. Estou sentindo o clima meio pesado, lá em casa.
- Leo, é normal ter briga entre mãe e pai. Relaxa, que não vai ser nada demais. Já já, eles vão se entender.
Os dois amigos entram na sala, em cima da hora, e procuram sentar em seus lugares. Mas, ainda existe tempo para terminar a conversa:
- Expliquei para o meu pai, ontem, o que eu aprendi com o Fred.
- É mesmo. E o que foi?
- Foi a "Regra de Ouro".
- E como é essa regra?
O professor de Matemática entra na sala, dando um sonoro "Bom dia!"
- No recreio eu te conto!
Leo, aparentemente, não quer perder a explicação ou atrapalhar a aula do professor. Além disso, a conversa sempre pode continuar depois.

* * *

Trinnnnn! Toca o sinal do recreio, os professores finalizam suas explicações, a fim de liberar os alunos para o pátio. A professora de Ciências finaliza a aula, e libera a turma do Leo. Os jovens saem agitados da sala, alguns correndo para a fila da cantina, outros para encontrar os colegas das outras turmas. Leo estava distraído em seus pensamentos, algo comum nos últimos tempos, quando Teresa esbarra nele e comenta:

- Vamos logo, Leo! Estou doida para ver o Chico com a camisa do Vasco!
- Vai descendo, já estou indo.

Antigamente a imagem do Chico, vestindo uma camisa que ele odeia, faria com que Leo ficasse super ansioso, tiraria sua atenção de qualquer outra coisa. Mas, neste dia, ele está tão preocupado com sua família, que não há motivação nem para zoar o Chico, e se vingar de todas que ele apronta com a galera. Leo desce as escadas em direção ao pátio e está tão aéreo que esquece a brincadeira e vai direto para a fila da cantina. Sid chega depois e já vai perguntando:

- Leo, explique-me essa "Regra de Ouro"?
- É o seguinte, como você pode saber se é certo ou não fazer algo?
- Sei lá. Eu acho que consulto minha consciência.
- Tudo bem, mas se a situação for difícil, você pode ficar na dúvida. Aí, você se pergunta o seguinte: Eu gostaria que fizessem isso comigo? Se a resposta for não, significa que você também não deve fazer.
- Entendi.

Os dois são interrompidos por Heitor:

- Galera, venham ver o Chico! – Heitor vai guiando Sid e Leo, que o seguem até o grupo onde Chico e Teresa estão.

Ao chegar ao local, Leo encontra uma cena que nunca imaginou ser possível. Chico estava com a camisa do time rival e beijava o escudo, enquanto inúmeros alunos do colégio riam de sua cara. E não era só isso, o pior de tudo é que ele estava constrangido. Leo poderia até imaginar o Chico vestido com a camisa do Vasco, mas nunca imaginou que aquele seu colega sacana, que brincava com tudo e com todos, poderia ficar sem graça. Sid comenta:

- Bem feito, fica zoando todo mundo!

Leo fica um pouco atordoado e não sabe o que responder para seu amigo. A confusão é tão grande, que chama a atenção do Milton, um dos inspetores de alunos, que aparece perguntando:

- Que zona é essa aqui? – Milton encontra Chico no centro da roda – Ué, Chico, você não é flamenguista?
Gargalhada geral. Mas a intenção do inspetor não foi fazer ironia. Ele de fato não estava entendendo e perguntou:
- Teresa, o que está havendo?
- Não é nada demais, "seu" Milton, foi só uma aposta.
- Que aposta?
- Apostamos que o time que perdesse, o torcedor teria que vestir a camisa do ganhador e beijar o escudo.
- É mesmo? – Milton cruza os braços, e demonstra que não gostou do que ouviu – E o objetivo é fazer com que todos deem boas risadas, não é?
Pergunta difícil, mas Teresa responde.
- É, acho que é.
- Quer dizer, nem todos. – corrige o inspetor - Porque eu não estou vendo o Francisco rir da brincadeira. Alguém está vendo ele se divertir com a brincadeira?
Silêncio geral. Ninguém, até agora, estava preocupado com o Chico. Milton olha para todos e continua:
- Teresa, você e o Francisco vêm comigo. O Napoleão tem que saber disso. Vamos ver o que ele acha.
Teresa tem vontade de discutir, mas ficou abalada com a situação do Chico, depois que o Milton mostrou um outro lado, e aceitou sem reclamar. O inspetor conduziu os dois para a sala do diretor, e o grupo foi dispersando. Leo está ao lado de Sid, e o Heitor se aproxima:
- Poxa, isso não está certo! O que o Milton ou o Napoleão tem haver com a aposta entre os dois?
Alguns achavam Heitor um puxa-saco, mas ele sempre contestava e muitas vezes tinha razão. Nesse caso da aposta, Leo ainda não tem uma opinião definitiva, mas Sid tem:
- Concordo com você! O "seu" Milton não tinha nada que interferir. Não era da conta dele.
Será que não era? Leo continua analisando o acontecido.
Trinnnnn! Toca o sinal e o recreio termina. A confusão foi tão grande, que consumiu praticamente todo tempo livre. Sid acelera seu amigo:
- Vamos logo, Leo, estou louco para saber a nota do teste de Geografia.
- Ih, já tinha esquecido que fizemos na semana passada. Será que fui bem?

Os dois aceleram o passo para voltar para sala, onde o professor de Geografia entrará em poucos minutos e entregará as notas do teste. Leo anda tão distraído que nem se lembra da aposta que fez com o Heitor.

* * *

O professor entra na sala com uma pilha de papéis na mão. Alguém do fundo da sala, não se aguenta:
- Prof, são os testes?
O professor levanta um pouco a cabeça, olha com a testa franzida e responde:
- São sim.
A turma se manifesta:
- Ihhhhhhh!
- As notas foram boas? – o mesmo aluno pergunta. Parece que está preocupado em mostrar a nota para o pai.
- Sim e não. – esse professor gostava de fazer suspense – Como sempre, tivemos algumas notas boas, e outras nem tanto.
Leo fala baixinho para Sid:
- Espero que eu não esteja no grupo do "nem tanto".
Os alunos começam a ser chamados por ordem alfabética. Nessas horas, é muito ruim ter o nome iniciado pela letra L. Leo fica apreensivo, precisa melhorar seu desempenho em Geografia. A chamada alcança a letra J, a ansiedade é tamanha que Leonardo nem repara nas caras e bocas que seus colegas estão fazendo ao receberem os seus testes, como fazem sempre. Ao chegar na letra L, o professor chama a Larissa e, quando ela está voltando para seu lugar, a porta se abre.
- Professor, com licença, podemos entrar?
Teresa e Chico retornam para sala, no momento que Leo está mais tenso. O professor autoriza e chama Leonardo que nem repara a cara enrugada de sua amiga, que parece ter derramado o Rio Amazonas em lágrimas. Ele estica o braço, pega seu teste na mão e olha sua nota no alto do papel, e responde com uma cara de desânimo.
- Que cara é essa, Leonardo?
- Poxa, professor, esperava mais.
- Entendo, que 6.5 não é uma nota fantástica. É possível conseguir uma nota melhor, mas vem aqui que eu quero lhe falar uma coisa.

O professor faz um gesto com a mão esquerda e convida Leo a se aproximar, para que ele possa falar baixinho.

- Eu queria elogiá-lo, não só pela nota, que foi a melhor que você tirou comigo até hoje, mas pela sua melhora. Estou muito orgulhoso! Não vejo você desenhando na minha aula, já há algum tempo, você está prestando atenção e até as tarefas de casa tem feito. Se continuar assim, eu tenho CERTEZA que sua próxima nota vai ser maior que 7.0. PARABÉNS!

As palavras do professor parecem tão sinceras, que fazem Leo esquecer que esperava mais. A conversa ao pé do ouvido transforma a frustração da nota, em uma enorme alegria. Alegria em ser elogiado. Alegria em saber que outra pessoa reconhece seu progresso. Ele volta para seu lugar e estampa um leve sorriso, apoia a cabeça sobre as mãos e os cotovelos sobre a mesa. Se pudesse resumir tudo que está sentindo, seria: "o esforço foi enorme, mas já valeu a pena!".

Sid fica estarrecido[35] de ver seu amigo voltar para seu lugar, depois de receber um teste, sorrindo. Ele nunca tinha visto essa cena. A curiosidade é tanta que pergunta:

- E aí, Leo? Tirou quanto?
- 6.5.
- Não é uma nota tão boa, para você ficar tão feliz.
- Não estou feliz pela nota. Mas pelo filme.
- Que filme?
- O filme que está passando na minha cabeça, o da minha vida nas últimas semanas.

A resposta não faz sentido para Sid. Mas ele fica feliz pelo amigo. Depois, é chamado para pegar seu teste. Depois de Sid, o professor chama pelo nome de Teresa, que vai até o tablado e, aparentemente, ainda não se recuperou da bronca que levou.

Após a entrega dos testes, a aula de Geografia continua com um novo capítulo do livro. Mas, hoje, Leo fica tão feliz que tem dificuldade de manter a atenção na aula. O professor percebe a distração do menino, mas não chama sua atenção. Hoje, ele merece um crédito.

* * *

---

35 Estarrecido: espantado

A aula de História termina. É a última do dia, e os alunos arrumam suas mochilas rapidamente. Leo vai saindo pelo portão ao lado de Sid, quando encontram, já do lado de fora da escola, Teresa. Leo recupera, na sua memória, a imagem de sua amiga com a cara enrugada, demonstrando grande tristeza. Sid é mais rápido:

- E aí, Tetê, como foi com o Napoleão? Tomou alguma advertência?
- Não. Ele me poupou, porque eu nunca tinha ido para a direção. Mas tomei o maior esporro.

Os colegas percebem que Teresa está contando a história e se aglomeram ao redor do trio.

- O que ele disse? – Leo pergunta.
- Disse que era errado fazer a aposta, porque constrangia o Chico...
- O que tem demais em vestir a camisa de outro time. – alguém interrompe a narração de Teresa com argumentos contrários.
- *Cada um reage de uma forma. Somos pessoas diferentes. Não podemos saber como os outros se sentem em determinada situação.* – Leo se lembra do Relativismo que viu com o Fred.

Teresa tentou continuar a história:

- Ele ficou perguntando para mim se eu achava justo.
- Lógico que era justo, estava apostado.
- *Mas fazer esse tipo de aposta era justo? A aposta não interferia na felicidade do Chico? Então, não era correta, não tinha virtude* – Leo lembrava agora de Aristóteles.
- Eu me defendi, dizendo que o pessoal colocou pilha... – Teresa quase volta a chorar.
- *E o livre-arbítrio? Não foi ela que fez a escolha de fazer a aposta?* – Leo voava em seus pensamentos.
- Se fosse o Flamengo a ganhar, aposto que o Chico cobraria de você que pagasse a aposta. – Sid se mostra solidário a amiga.
- *Um erro não justifica o outro.* – avalia Leo consigo mesmo.
- Teresa, você gostaria de vestir a camisa do Flamengo? – Leo, depois de pensar sobre a situação, entra no debate.
- É obvio que não.
- Então, acho que você não deveria ter apostado. Seu erro foi esse.

Leo surpreende todos seus colegas. E antes que alguém retrucasse, Teresa reconhece:

- Leo, acho que você tem razão.
- Galera, vamos para casa. Não teve advertência ou suspensão. Vamos esquecer o assunto. – Sid dá um ponto final à discussão.
- Eu já vou indo. Tchau! – Teresa se despede.
- Tchau, Tetê! – os amigos se despedem, falando ao mesmo tempo.

Quando Leo se preparava para ir embora, Heitor aparece à sua frente.

- E aí, Leo, quanto você tirou no teste de Geografia?
- Ué, por que você quer saber? – Leo questiona, e Sid olha para ele como se também não tivesse entendendo a situação.
- Esqueceu da nossa aposta.

Só agora ele lembra. Apostou pela net com o Heitor, no mesmo dia que Teresa e Chico fizeram a aposta do jogo de futebol. Mas Leo não se intimida.

- Não esqueci não. Tirei 6.5 e você?
- Fala sério. Só isso? Foi mais fácil do que eu pensava. Eu tirei 8.5.
- Então, parabéns, você ganhou. Amanhã eu pago o seu lanche.

Leo foi tão objetivo que o Heitor ficou sem vontade de continuar zoando. Leo começa a tomar o caminho de casa com Sid, que pergunta espantado:

- Mas você não acabou de falar que a aposta da Teresa não foi legal? Como você se propõe a pagar a sua, de modo tão tranquilo?
- Eu achei errada a aposta, mas só me dei conta disso agora. Não deveria ter apostado, ainda mais contra o Heitor. Mas já que fiz, tenho que cumprir o que eu prometi.
- Leo, vou lhe falar uma coisa. Estou com a sensação que um grupo de E.Ts. sequestrou o meu melhor amigo, fizeram um clone dele, entraram no seu corpo e está agora conversando comigo.
- Sid, pare de assistir estes filmes trash.

PARA PENSAR...

• Qual a importância de pedir desculpas, quando se comete um erro?
• Você concorda com a sugestão do Fred de que, em caso de dúvida sobre a moral de determinada decisão, basta utilizar a "Regra de Ouro"?
• Qual a diferença entre um dever circunstancial e um dever universal?
• Você achou correta a decisão do Carlos de não falar a verdade para Joana, sobre a conversa que estava tendo com Leo?
• Moralmente, qual a diferença entre uma aposta, como a realizada entre Teresa e Chico, e uma partida de qualquer esporte, em que também existe vencedor e perdedor?
• Leo resolveu pagar sua aposta com Heitor. Qual a importância de se cumprir promessas? Qual a relação entre cumprir promessas e a "Regra de Ouro"?

* * *

LIÇÃO 5

NÃO FIQUE OMISSO DIANTE DE ATITUDES IMORAIS

CAPÍTULO 18

- E aí, Leo, então você decidiu voltar?

Fred cumprimenta Leo, ao convidá-lo para entrar em sua sala. O menino entra tranquilamente, sem demonstrar a resistência de antigamente, ou a ansiedade dos últimos encontros.

- É, eu andei pensando e percebi que temos conversado, trocado algumas ideias. Não vejo nossos encontros como um tratamento, então não é questão de ser liberado ou não, mas sentir vontade de vir até aqui para ouvir sua opinião sobre as coisas. E hoje, eu senti essa vontade.

- Fico feliz que você considere um bate-papo, pois de fato é a intenção. E também fico muito feliz de perceber que gosta de ouvir a minha opinião. Isso é um grande elogio. Obrigado! E o que você tem para me contar hoje?

Leo inicia sua explanação[36] sobre os últimos acontecimentos de sua vida. Fala que, quando saiu do consultório na última semana, teve vontade de conversar com seu pai, que a conversa foi legal. Contou que estava preocupado com a relação de seus pais e a mentira de Carlos. Depois, relatou a semana na escola, incluindo a aposta com o Heitor e a bronca que Teresa levou do diretor.

- Você achou que a bronca foi justa? – Fred procura refletir sobre a situação junto com Leo.

- Não tenho certeza. Mas a Teresa voltou chorando! E ela é uma ótima aluna, não é uma bagunceira como eu ou o Chico. O Napoleão deve ter sido grosseiro como sempre.

- Repara no que você acabou de fazer. Está mudando o foco.

- Como assim?

---

36 vExplanação: apresentação, explicação

- Não perguntei se você acha que o Napoleão foi ou é grosseiro. Isso é importante, mas não agora. No momento, vamos nos concentrar na atitude de sua amiga. O que você acha?

- Depois, conversando eu, ela e o Sid, fiquei analisando a situação e utilizei o que aprendi aqui com você.

Fred dá um leve sorriso de satisfação, enquanto Leo continua:

- E pude perceber que a atitude da Teresa não foi ética. Aliás, não só a dela, mas a do Chico também. Na verdade, a grande questão está no ato de apostar. Diferentemente de uma disputa esportiva, qualquer resultado desse tipo de aposta não gera a felicidade alcançada sobre algum valor ou virtude, apenas uma "certa satisfação" pela humilhação do outro.

- É muito bom que você tenha feito essa reflexão, sozinho. Não vamos esquecer a situação da mentira de seu pai. Você não gostou, não é?

- Não.

- Por quê?

- Porque eu me coloquei no lugar da minha mãe. Não gostaria que falassem mal de mim por trás. Preferia que conversassem comigo.

- Você utilizou a "Regra de Ouro". Nós poderíamos chamar isso, também, de empatia. Você sabe o que significa?

- Não.

- Empatia significa se colocar no lugar dos outros. Quando você se empatiza com outra pessoa, você está se colocando no lugar dela. É diferente de concordar com ela, você entende?

Leo fica com cara de dúvida.

- Vou tentar novamente. Você pode simplesmente se imaginar no lugar da outra pessoa, como ela está se sentindo naquela situação. Mas mesmo assim, discordar dela.

- Agora eu entendi.

- É muito ruim quando mentem para gente, não é? Então...

- Não devemos mentir para os outros. – Leo completa a frase antes de Fred.

- Exatamente.

Leo e Fred já construíram uma afinidade pessoal muito grande. A comunicação entre os dois já funciona rapidamente, a ponto de um completar a frase do outro.

- Vamos retornar ao caso de sua amiga Teresa. Você presenciou o seu colega pagando a aposta, qual é mesmo o nome dele?

- Chico.
- Então, o que você achou da sua atitude?
- Da atitude da Teresa? Já falamos sobre isso.
- Não, Leo. Estou falando da SUA atitude nesse caso.

Leo fica confuso. Não entende absolutamente nada do que Fred quer dizer.

- Como assim minha atitude? Eu não fiz nada.
- Mas é disso que eu estou falando. O caso do seu pai o incomodou muito, pois todos falamos muito sobre mentira. Está mais do que claro que é um erro mentir. Mas vejo um erro seu e dos demais colegas no caso da aposta. Vocês se omitiram[37] na situação.
- O que é isso?
- Você chegou no grupo, presenciou seu colega sendo humilhado pelos demais. Você achou certo isso?
- Não. Achei errado.
- E se achou errado, por que ficou parado e não fez nada para consertar?

A pergunta de Fred foi um golpe para Leo. Ele não havia parado para pensar sobre isso. Mais uma que ele aprende com o pedagogo.

- Consegue entender agora? Quando participamos de algo que julgamos errado e nada fazemos para consertar o erro, também não está certo. É uma outra forma errada de agir, que fere a ética, pois influencia na felicidade das pessoas.
- Estou entendendo.

Porém, as sessões com o Fred têm apresentado outros benefícios. O poder de reflexão e análise de Leo está muito melhor, e ele, antes de concordar, tem um questionamento:

- Eu não posso sair na rua, todos os dias, corrigindo tudo que está errado. Eu vou fazer só isso da minha vida. Teria que assumir isso como profissão, pois não sobraria tempo para mais nada.

Fred dá uma gargalhada antes de responder:

- Você tem razão quanto a esse aspecto, Leo. Entretanto, não estamos falando disso. Em diversas situações, no dia a dia, pouco podemos fazer. Não é o caso. Pense comigo, você poderia ter feito alguma coisa?
- Não sei. – Leo responde rapidamente como se estivesse fugindo do questionamento.
- Pense um pouco mais.

---

37 Omitiram: não mencionaram

Fred conduz para que Leo analise o caso com calma. E funciona. Depois de um tempinho...

- Acho que eu poderia ter pedido para a Teresa liberar o Chico de pagar a aposta.
- Isso é um exemplo. Se você parar para pensar mais tempo, encontrará outras ações que poderia ter escolhido, e que talvez alterassem a situação.
- Talvez, talvez. E se não mudasse nada?
- Agora não o estou reconhecendo. Esqueceu a virtude, o agir sempre com justiça e o livre-arbítrio. Esqueceu-se fazer as suas escolhas independente das escolhas dos outros. Faça a sua parte:

Não fique omisso diante de atitudes imorais

Leo fica sem graça. Estava tão bem e agora dá esse furo.

- Não fique triste. Somos humanos e erramos mesmo. Temos que aprender com nossos erros e buscar melhorar.
- Gostei muito dessa ideia.
- Muitos erros acontecem e se propagam não por iniciativa, mas por falta dela. Algumas pessoas deixam de agir e permitem que atitudes negativas aconteçam. Não podemos nos omitir quando encontramos imoralidades e injustiças. O preço pode ser muito caro.
- Acho que você tem razão. Se eu tivesse me mobilizado, talvez a Teresa não tomasse bronca do diretor.
- Você disse bem: talvez. E mesmo sendo uma probabilidade, não significa que devemos ficar imóveis.
- É mesmo. Por falar no diretor, podemos voltar na bronca do Napoleão?
- Podemos sim.
- Você disse que poderíamos conversar sobre o fato de ele ser grosseiro ou não.
- Leo, existe uma diferença entre forma e conteúdo. Conteúdo é O QUE é dito, e forma é COMO é dito. Temos que saber se a Teresa ficou triste com o que o Napoleão disse, ou com a maneira como ele disse. Talvez, não tenha sido nem uma coisa nem outra. Talvez, ela tenha ficado chateada com ela mesma.
- Do jeito que ele é, foi com as duas coisas, com certeza!
- Cuidado! Olha o pré-julgamento! – Fred acha engraçado o que Leo disse, mas não pode apoiar a atitude do menino.

- Estou brincando.

- Na filosofia, chamamos esse choque de Ética x Estética. As questões éticas são aquelas que se referem ao conteúdo. Entretanto, quando o conteúdo é bom, mas o problema é a forma, estamos com um problema com a estética. Muitas vezes, nos enganamos com discursos fortes e bonitos, ricos em estética, e não percebemos o conteúdo, que muitas vezes é ruim ou imoral.

- Você está dizendo que o problema do Napoleão é a estética de seu discurso?

- Não posso afirmar que esse é o problema, pois não o conheço, mas de qualquer maneira, vale a pena você refletir sobre isso.

- Ah, não! Não vou pensar sobre isso de jeito nenhum!

- E por que não?

- Porque sempre que você me pede para pensar sobre alguma coisa, eu acabo mudando de ideia, e não estou com vontade de mudar de opinião sobre o diretor. Depois, eu percebo que ele está certo, aí meu mundo vai DESABAR!

Fred cai na gargalhada e não consegue parar. Depois de um longo tempo em que os risos iam e voltavam, Leo continua:

- Estou brincando. Vou pensar e se mudar de ideia, tudo bem. Já estou me acostumando. Mudando de assunto, o que veremos na semana que vem?

- Vamos fazer um resumo de tudo que vimos, falando sobre Rousseau e o Contrato Social.

- Vou pesquisar para poder discutir com você.

- Excelente, adoro debates, principalmente quando encontro opiniões diferentes da minha. Aguardarei com grande expectativa. Um abraço!

- Fui!

* * *

CAPÍTULO 19

Joana chega a casa, depois de mais um dia estressante de trabalho. Abre a porta, entra na sala e encontra Carlos, no sofá, vendo o telejornal. Ele a cumprimenta:
- Oi, amor! Boa noite! Como foi seu dia?
- Foi ok! – Joana é objetiva em sua resposta, não quer muito papo. Está super cansada e aguarda ansiosa um banho quente.

Entra no quarto, já sem os sapatos que ficaram pelo caminho, na pressa para tirar a roupa, que ainda remetia[38] ao dia de trabalho. Ao passar rapidamente pelo quarto, em direção ao banheiro, percebe de canto de olho, que existe algo sobre a cama, mas não se prende à situação e continua o processo que dará início ao seu momento de descanso do dia. No banho, pensa sobre seu dia e sua vida.

- *O Carlos foi tão carinhoso na minha chegada, "Oi, amor!", e eu respondi tão friamente, "Foi ok!". Caramba, que dia tão ruim foi o meu, para eu classificar para o meu marido como "ok". Preciso me esforçar um pouco mais, para melhorar a situação aqui de casa. Se o Carlos não se mexe, eu tenho que fazer algo, não vou me omitir. Sinto que já está afetando o Leo.*

O banho é longo, e ajuda Joana a chegar a uma conclusão positiva. Vai fazer alguma coisa, para melhorar o clima na sua casa. E vai começar hoje. O primeiro passo vai ser conversar com o Carlos.

Após se secar, cheia de uma recente determinação, vai para seu quarto e olha para sua cama. Joana não entende muito bem, quando encontra um vaso lindo repleto de flores do campo, com um bilhete. Por um instante pensou, "quem poderia ter me mandado essas flores?!", mas logo se lembrou de que era casada e só poderia ser do Carlos. Que bom. Quer dizer, que ótimo! Joana acaricia as flores e pega o bilhete para lê-lo.

Jô, hoje faz 17 anos que demos o nosso primeiro beijo. Apesar de tanto tempo, ainda lembro como se fosse ontem. Lembro perfeitamente o quanto estava nervoso, preocupado se você gostaria do beijo e se iria pedir outro. Lembro da revelação que tive depois dele, "essa é a mulher da minha vida!" e dos planos para 50 anos, que já tinha feito um minuto depois. Pensando nessas lembranças, percebo

---
38 Remetia: fazia lembrar

que os sentimentos da época são pequenos, em comparação com os atuais. A cada dia eu te amo mais! Desculpe, pois nos últimos tempos não tenho demonstrado isso como deveria. Mas agora, percebi meus erros e lhe prometo que não voltarão a acontecer. Sempre a amarei!

Carlinhos

Com lágrimas nos olhos, Joana termina o bilhete e levanta a cabeça, e encontra seu marido encostado na porta do quarto, igualmente emocionado com o que está assistindo. Ele é o primeiro a falar:

- Vamos conversar?
- Vamos.

O casal passou mais de três horas conversando, sentados nas cadeiras da varanda, em grande harmonia. Leo, curioso, algumas vezes saiu de seu quarto e foi bisbilhotar. Ficou feliz, pois o clima de entendimento entre os dois era claro.

Depois de cada um expor seus problemas e dificuldades, enquanto o outro ouvia com atenção e empatia, aparentemente, chegaram a uma situação melhor. Uma situação em que existe companheirismo e franqueza. Um bom início para se alcançar uma solução definitiva. Mas isso não significa que ainda não exista estrada pela frente.

- Eu não sou tão controladora assim?!
- Joana, lembra do início da nossa conversa. É assim que eu me sinto, isso você não pode questionar.
- Entendo.
- Acho que você também deveria conversar com seu filho. Não posso falar por ele, mas acho que ele também se sente assim.

Apesar de feliz em conversar com Carlos, Joana fica perplexa com essa revelação. Não passava pela sua cabeça isso. Por um momento, se lembra da conversa que teve com o Fred. Ele falou sobre fazer chantagem com o Leo. Será que eles têm razão? Seu semblante é transparente e Carlos tenta ajudar:

- Jô, não fique assim. Todos nós temos defeitos...
- Eu sei, mas eu não queria sufocar vocês. – Joana fala soluçando e volta a chorar, enquanto Carlos a abraça tentando consolá-la.
- Você é uma ótima mãe. Tenha paciência que vai conseguir superar essa dificuldade.

As palavras de Carlos são apropriadas, mas não suficientes para tranquilizar Joana. Porém, feliz com o clima estabelecido entre os dois, e não querendo quebrá-lo, tenta aparentar mais calma.

- Tudo bem, meu amor, eu vou falar com o Leo.
- Jô, vou lhe dar mais uma sugestão. Espere o momento certo. Pode ser que o Leo não queira falar agora. Você deverá ter equilíbrio e aguardar a hora certa.

Joana consente com a cabeça. O gesto foi sincero, ela entendeu a mensagem. Só não sabe como vai ser no dia seguinte.

- Vem, vamos dormir. – Carlos chama sua esposa.
- Vou pegar um copo d´água e já estou indo.

O copo d´água foi uma desculpa. Na verdade, Joana queria respirar um pouco mais e ter um tempinho sozinha. O artifício ajudou. Caminhando até a cozinha, percebe que foi melhor assim. Foi melhor saber a verdade, conhecer os problemas, pois só assim pode agir para resolvê-los. Essa reflexão final traz uma grande ajuda, e, ao voltar para o quarto, ela não demora muito para dormir, mesmo ansiosa para conversar com seu filho e conseguir melhorar a relação dos dois.

PARA PENSAR ...

- Você concorda com Fred, quando ele diz que Leo se omitiu no momento em que Chico estava sendo constrangido? Por quê?
- Você concorda com a citação: *"Não podemos nos omitir quando encontramos imoralidades e injustiças. O preço pode ser muito caro."*
- Analisando o comportamento e discurso do Napoleão, você identifica um dilema ético? E algum problema estético?
- Relacione a lição 5 com a atitude de Carlos ao buscar se entender com sua esposa.

LIÇÃO 6

CRIE PACTOS DE CONDUTA

CAPÍTULO 20

Leo prepara seu sanduíche e pensa que os encontros com Fred estão chegando ao fim, e brevemente ele deverá fazer suas reflexões e escolhas sozinho. Nesse momento, a porta é aberta, e seu pai entra em casa. Ele aparenta cansaço, o que é super normal, mas dessa vez Leo percebe um certo desânimo, quando Carlos suspira ao fechar a porta. E ele resolve se mostrar solidário[39]:

- Oi, pai!
- Oi, filho. Tudo bem? – Carlos se aproxima e dá um breve abraço em seu filho.
- Tudo. Você parece muito cansado.
- É. Estou mesmo esgotado.
- O senhor quer que eu prepare um sanduíche para lanchar?

Leo não participava dos problemas da família com frequência, então sua atitude surpreende um pouco Carlos, mas ele não quer perder essa oportunidade.

- Gostaria sim, filho.

Carlos se dirige para seu quarto, já vai retirando sua gravata e terno, louco pelo seu banho quente. Ao entrar no quarto, encontra Joana saindo do banheiro.

- Oi, amor!
- Oi. – a resposta de Carlos não é tão animada, quanto a recepção de sua esposa.
- O que houve? Você está acabado!
- Obrigado pelo elogio.
- Não queria te jogar para baixo. Foi somente uma observação. Fico preocupada quando te vejo assim. – Joana tinha seus defeitos como qualquer um, mas era sensível e percebia as alterações das pessoas, especialmente de sua família.
- Tudo bem. Acho que estou estressado mesmo.
- O que houve então?

---
39 Solidário: dar apoio

Carlos precisa de um minuto sozinho, antes de narrar o seu dia.
- Vou tomar um banho primeiro, e depois nós conversaremos, ok?
Depois que os dois se entenderam, Joana tem demonstrado muita paciência e companheirismo.
- Tudo bem, meu amor. Você quer que eu prepare um lanche?
- Acho que não vai precisar. O Leo já está fazendo.
Joana dá um suspiro de felicidade, apesar de estar preocupada com Carlos. Ele pode estar com algum problema, quem sabe até ter sido despedido, mas como é bom poder conversar normalmente, buscando entendimento mútuo. E o Leo vai preparar o lanche? Tudo parece estar indo tão bem, que ela sente um calafrio, um medo de acontecer algo e atrapalhar todo clima.
Joana chega à cozinha e encontra Leo preparando o sanduíche. É um bom momento de se aproximar de seu filho.
- Quer ajuda, meu filho?
- Não, mãe. Está tudo bem. Você quer que eu prepare um para você também?
E Joana iria perder esta oportunidade?
- Eu quero. Você faz?
- Faço sim. Como você quer?
Joana descreve o sanduíche, enquanto prepara a mesa da sala. Uma família unida, lanchando unida, pensou.

* * *

Carlos se seca, após o banho e, pelo menos fisicamente, se sente melhor. Durante o banho, a conversa que teve com seu chefe Jaques repassou por completo pela sua cabeça. Foi tão frustrante para ele, que nem pensou em como falaria para sua esposa e filho.
Ao sair do quarto e entrar na sala, uma grande surpresa. Mesa arrumada, sanduíches quentinhos, suco de uva e Joana e Leo sentados, esperando sua presença.
- Nossa! Que produção!
- É para você, Carlinhos! Você merece!
Carlos se senta, e os três comem animadamente seus sanduíches. Joana e Leo têm dificuldade de puxar assunto, uma vez que Carlos demonstra uma aparência bem melhor na mesa, e eles têm receio de quebrar o clima e estressá-lo novamente. Mas após o término de toda comida, Carlos fica cabisbaixo, e Joana não se segura:

- O que houve, meu amor?

Carlos levanta a cabeça e sente que deve dividir com sua esposa seus sentimentos, mas olha para Leo e recua:

- Não foi nada, não.

Leo percebe e demonstra personalidade.

- Poxa, pai, eu não sou mais criança e faço parte da família. O que tem demais em eu ficar sabendo o seu problema. Devemos confiar uns nos outros.

Em outro momento, talvez Joana considerasse que Leo não deveria mesmo tomar conhecimento dos "assuntos adultos" da família, mas suas atitudes têm sido mais maduras, e ela gostaria de premiá-lo com essa participação.

- O Leo tem razão. Devemos estar sempre juntos, nos apoiando. Nos conte, queremos ajudar.

Carlos resolve se abrir.

- Não há necessidade de preocupação. Eu vou acertar as coisas.
- Acertar o quê? – Joana começa a demonstrar aflição.
- Tive uma conversa com o Jaques hoje...
- Você foi demitido?! – Joana já pensa no pior.
- Calma, mãe! Não interrompa, deixa o papai terminar a história.
- Não foi nada disso. Como falei, não há necessidade de preocupação. Procurei o Jaques para falarmos sobre a minha situação. Estou insatisfeito já há algum tempo, pois tenho trabalhado duro e não recebo nenhum reconhecimento. – Carlos cerra os punhos e soca a mesa levemente – Na semana passada houve a abertura de uma nova vaga, com a aposentaria de um executivo e escolheram outra pessoa para a função. E essa pessoa tem menos tempo de casa. Eu não achei justo.

Joana fica aliviada por não se tratar da demissão. Leo não havia pensado nessa hipótese, então tem mais facilidade de entender a frustração de seu pai.

- Você falou com o Jaques, e o que ele disse?
- Eu senti que ele fugiu um pouco do assunto. Não justificou direito porque não me escolheu.
- De repente, ele não sabia que você queria o cargo. – Joana supõe.
- Ele ficou me elogiando, dizendo que eu era um excelente funcionário, que gostava muito do meu trabalho, que minha hora iria chegar etc. Ficou me elogiando um tempo enorme.
- Não entendo então, por que você está tão triste?
- Por causa da incoerência. – Leo responde no lugar do pai.
- Como assim incoerência? – Joana não entende a colocação de Leo.

- Mãe, preste atenção. O discurso do Jaques não está coerente. Se ele gosta tanto do meu pai como funcionário, tem que provar. Não pode ficar só no discurso. O conteúdo é "não vou te promover", pois meu pai está esperando há algum tempo, houve chances e ele não fez. Mas a forma é "gosto de você".

- O Leo tem razão. O Jaques está me enrolando com essa conversa. Por que não fala a verdade? Não acho que você deva ser promovido e pronto!

- Acho que vocês estão exagerando. – Joana contemporiza.

- Poderia até ser um exagero, se não fosse tanto tempo. Estou esperando uma promoção há um ano, e sabe quantos passaram a minha frente? Hoje eu contei, foram cinco. Cinco executivos, todos mais novos na empresa que eu, que foram promovidos.

Agora, Joana fica sensibilizada com a situação. Mas como é muito objetiva:

- E o que você vai fazer?

Carlos para um tempo. Coloca as mãos no queixo, cotovelos sobre a mesa, e fica pensativo. Depois de um tempo, dispara:

- Não sei. Não sei ainda. Tenho que pensar mais sobre o assunto.

- Tudo bem, meu amor. Você sabe que pode contar com a gente. – Joana segura as mãos de seu marido e demonstra apoio incondicional.

- É mesmo, pai. Estamos juntos!

Joana pede para que Leo não se preocupe em tirar a mesa, já que ele fez o lanche. Ela vai tirar a mesa e lavar a louça. Assim, ele levanta da mesa e vai direto para seu quarto.

Deitado na cama, olhar perdido voltado para o teto, observando o pôster do Batman, posição que fica sempre que quer pensar sobre alguma coisa. Leo não sabe se fica feliz pela confiança de seus pais e por ter participado da "conversa de adultos", ou se fica preocupado com a situação de seu pai, que pode caminhar para uma demissão. De qualquer forma, sente um conforto ao saber que seu pai também possui sentimentos de tristeza e frustração, ou seja, ele não é o único. Não é um pensamento legal, mas é confortante.

Fica um pouco mais tranquilo, quando lembra que está pensando no seu pai. O grande Carlos, que sempre deu um jeito em todos os problemas. Não será agora que irá decepcioná-lo. Mais tranquilo, resolve entrar na net e buscar informações sobre o próximo assunto que trabalhará com Fred:

ROUSSEAU e o CONTRATO SOCIAL

Jean Jacques Rousseau nasceu em Genebra, Suíça, em 28 de junho de 1712 e faleceu em 2 de julho de 1778. Entre suas obras destacam-se: *Discurso sobre a origem da desigualdade entre os homens; Do contrato social, e Da Educação*. Depois de uma vida atribulada sem a criação da mãe, falecida 7 dias após o seu nascimento e da fuga de seu pai que havia brigado com um homem influente da cidade de Genebra foi criado por seu tio e passou por vários ofícios como ajudante de tabelião, gravador de uma oficina de cunho de moedas, etc. Com o amadurecimento, sua visão do mundo seria bastante particular com o advento dos movimentos franceses e a insustentável situação do estado absolutista naquela época, e ele não se omitiu participando de forma importante.

Grande leitor e defensor das identidades liberais, passa então a mergulhar nas leituras de Montesquieu onde temos a construção da teoria dos três poderes. Rousseau não perde tempo em fazer valer a sua opinião de ampliar a discussão e dar a sua visão peculiar – sua marca – à situação. É neste momento que escreve Do Contrato Social, obra em que então afirma o estado liberal, a teoria dos três poderes, e ainda faz emergir a discussão da participação de todos dentro desta ideia. Em um tempo de voto censitário, Rousseau traz à tona a discussão do voto universal e a participação de toda a sociedade na discussão política, econômica e social da França, além de contemplar o estado de Direito Pleno.

A ideia do Contrato de Rousseau é simples: se o Estado divide nele a responsabilidade de cada poder – executivo, legislativo e judiciário – é sinal de que todos são iguais e interdependentes, apesar de ter trabalhos completamente distintos: o primeiro fiscaliza a execução das leis, o outro elabora as leis e o terceiro aplica a correção para quem descumpre as regras. Nesta proposta se tornou possível pensar três coisas diferentes, mas que ao mesmo tempo congregam o bem de uma só coisa: o bom funcionamento do Estado. Rousseau tenta trazer isso para as relações humanas: por que não seria possível conviverem pessoas de diferentes ideias e classes sociais, sabendo que cada uma delas tem seu papel na sociedade? A resposta vem na concepção de que seria possível então

> através de um contrato onde cada um teria a sua responsabilidade, não desagradando ninguém e vivendo em interdependência.
>
> Ao cumprir cada qual na sociedade o seu papel, o Contrato funcionaria. Caso isto não acontecesse, a parte que foi desonrada poderia destituir a outra. Isto seria então o Contrato Social.

* * *

CAPÍTULO 21

Leo chega ao consultório de Fred bastante motivado. Achou muito interessante o que leu na internet sobre Rousseau e o Contrato Social e está ansioso para debater as ideias com seu amigo.

- Falaí, Fred!
- Oi, Leo! Está bastante animado, hein?

Fred está ciente do problema envolvendo Carlos, pois Joana ligou para comentar, a fim de que não fosse pego de surpresa e pudesse ajudar o menino, se fosse necessário. Entretanto, para deixar Leo à vontade, preferiu não abordar.

- É, estou. Fiquei feliz, pois estudei sobre Rousseau e, pela primeira vez, acho que entendi sozinho a mensagem.
- Muito bom. Porém, isso não me surpreende. Você é um menino muito inteligente, e eu acredito que o cérebro funciona como um músculo, quanto mais exercitamos, mais inteligentes ficamos. Você tem buscado estudar os pensadores sozinho, era questão de tempo que conseguisse alcançar um nível de autodidata.
- O que é isso?
- Uma pessoa autodidata é aquela que aprende sozinha, sem a necessidade de que alguém ensine.
- E isso é possível?
- Ué, não foi, no seu caso com Rousseau? E estamos somente no início do processo. Se você continuar assim, daqui a pouco estará aprendendo sozinho qualquer coisa, até Matemática.
- Não exagera!
- Se você tentar, terá dúvidas, o que é normal. Nossa função, como professores, é facilitar a aprendizagem. Mas isso é papo para outro dia, vamos ver se você aprendeu mesmo. Fale-me sobre o que você leu.
- Rousseau dizia que o homem era naturalmente bom e livre, e era a sociedade que o corrompia e aprisionava.
- Sim. A sua frase mais conhecida era:

> "O homem nasce livre, e por toda parte encontra-se acorrentado."

- Exatamente.

- E que mais você lembra?

- Ele era contra os governos absolutistas, pois o governante deve garantir a vontade do povo e não a sua própria. Devido às suas críticas ao Antigo Regime, ele foi perseguido durante muito tempo.

- E o que você leu sobre o Contrato Social?

- O Contrato Social seria um pacto entre as pessoas para gerir da melhor forma possível a sociedade.

- Muito bem, Leo! Você está de parabéns! Aprender isso tudo sozinho não é fácil. Agora, vou te fazer outra pergunta, o que isso tudo tem a ver com sua vida hoje em dia?

- Como assim? – como de costume, a pergunta de Fred pega Leo de surpresa.

- Você acha que a ideia de Contrato Social que Rousseau apresentou tem alguma relação com sua vida no dia a dia e a ética?

Leo fica pensativo, e Fred resolve ajudar:

- Você percebe algum pacto entre você, o diretor, os professores, ou seja, entre todos na sua escola, por exemplo?

- Não. Eu acho que o regime de lá é absolutista.

Fred acha engraçado, mas prossegue na mesma linha de raciocínio.

- É mesmo? Você já estudou na escola, o que é um Regime Absolutista, não é?

- Sim. É uma forma de governo em que uma pessoa é ditadora e tudo acontece de acordo com sua vontade.

- Você acha que funciona assim na sua escola? O Napoleão chega um dia de mau humor e decide: "Hoje eu quero que todos os professores deem um teste surpresa para arrebentar os alunos!". E outro dia, ele está feliz da vida e dispara no alto-falante: "Hoje vai ter lanche de graça e intervalo a manhã toda!"

- É lógico que não.

- E por que não? O que aconteceria se ele fizesse isso?

- Ninguém iria querer estudar lá. Minha mãe e as outras mães tirariam os alunos da escola.

- Não sei se você sabe, mas, provavelmente, existe um contrato entre sua mãe e a escola. Esse contrato é somente uma parte do contrato maior, que existe entre essas duas partes. Desde o primeiro dia que sua mãe te matriculou na escola, ela espera que os professores expliquem a matéria, que os inspetores te mantenham em sala e que a direção organize e mantenha a escola funcionando, da melhor maneira. Em troca disso, a escola espera que seus pais paguem a mensalidade e controlem seu comportamento em casa. Isso é um acordo, que podemos chamar de pacto ou ainda de contrato. Você compreende?

- Sim, eu entendo.
- Vamos ampliar isso para a sociedade. Nós temos uma série de regras, não temos?

Leo concorda com a cabeça.

- Dê exemplo de uma.
- É proibido roubar.
- Sim, mas esse é um princípio universal. Vamos pensar em algo mais específico.
- Não podemos avançar o sinal.
- Excelente exemplo. Não podemos avançar o sinal de trânsito, e por quê? Porque o prefeito quer que seja assim? Não! É uma regra que foi estipulada por todos nós.
- Eu não estipulei isso.
- Você ainda é jovem, mas seu pai estipulou essa regra. Ele escolheu viver em uma sociedade, que elege seus representantes e estes legislam as leis. Então, todos nós somos responsáveis e devemos obedecer a essas leis. Rousseau ainda afirmava que:

"Seguir o impulso de alguém é escravidão, mas obedecer a uma lei auto-imposta é liberdade."

Leo continua pensativo, e Fred continua:
- Sua escola não tem regras? Você tem que cobrar do Napoleão, que ele mantenha essas regras funcionando. Essa é a tarefa dele, e a sua é seguir essas mesmas regras.
- E se eu não concordar com elas?
- Bem, é um direito que você tem. Mas discordar não significa que você pode sair por aí, desrespeitando as leis. Nas instituições privadas, como é o caso de sua escola, existe uma série de regras estabelecidas que não devem ser questionadas. Caso você não concorde com elas, não pode modificá-las, pois a instituição não lhe pertence. Dessa forma, você deve buscar outra, na qual você concorde com as regras.
- E na sociedade?

- Você tem seus veículos[40] para transformar as leis atuais. Você deve buscar representar um grupo, procurando ser eleito para algum cargo legislativo, e tentar modificar o que você discorda.
- Eu ainda discordo de uma coisa que você disse. Sobre meu pai ter escolhido viver nessa sociedade.
- E não é? Quem escolheu por ele?
- Não é bem assim.
- Todos os dias fazemos escolhas. As escolhas podem ser por omissão. Às vezes, a pessoa não está satisfeita com o que está fazendo, e o que ela faz? Nada. Continua no mesmo lugar, aceitando aquela mesma situação. É uma forma de escolha, nós vimos isso.

As palavras de Fred acertam em cheio Leo. Ele recorda automaticamente da "conversa de adulto" de seu pai e sua mãe. Pensa sozinho:

- *Meu pai escolheu estar na mesma empresa. Ele está assinando embaixo de sua frustração, pois tem feito pouca coisa para mudar.*
- Leo! Leo! Tudo bem? – Fred tenta tirar Leo de sua viagem solitária.
- Tudo. É que eu me lembrei de outra coisa.
- Você quer me contar?

Leo pensa por um segundo se deve expor o problema de seu pai, mas se sente tão à vontade com Fred, que resolve se abrir.

- Meu pai está com alguns problemas no trabalho. Ele tem se sentido muito frustrado, pois não recebe uma promoção há algum tempo, e ele acha injusto.
- Entendo. Não fique triste, pois é um caso muito comum. Você consegue ver alguma relação entre o que estamos vendo e a situação que seu pai está vivendo.
- Acho que a situação é parecida com a que eu vivo na escola. A função do chefe do papai é manter a política da empresa. Se o meu pai não está satisfeito, deve buscar sair.
- Um pouco mais devagar. Existe um contrato entre seu pai e a empresa. Seu pai deve prestar um bom serviço e ser remunerado. Caso o resultado seja muito bom, ele deverá ser reconhecido com elogios, bônus e promoções, pelo menos é o que normalmente acontece. Se ele não está recebendo esse reconhecimento e outros estão, talvez seu resultado não seja tão bom.
- Mas meu pai é um ótimo funcionário. – Leo se irrita e defende seu pai.
- Não disse o contrário. Mas talvez as perspectivas da empresa sejam outras. O que acontece quando uma parte considera que não está sendo cumprido o con-

---
40 Veículos: meios

trato? Deve buscar, em primeiro lugar, o diálogo. Depois, uma posição mais radical como pedir demissão.

— Mas ele já tentou.

— Leo, esse problema é para seu pai resolver. Não fique tão preocupado. Você já conversou com ele e deu sua contribuição. Agora é com ele. Vamos pensar em nosso aprendizado. Uma última questão: como o contrato social se relaciona com o que vimos sobre Ética?

— Acho que todos nós devemos seguir o contrato.

— E por quê?

— Porque se não seguirmos será uma enorme bagunça. Imagina cada um fazendo o que bem entende. Seria um caos.

— Isso é um ponto. Mas está claro para você que os contratos e as leis são criadas por todos e, consequentemente, para o bem geral?

— Nem todas, não é?

— Existem algumas que são criadas para benefício de uma minoria ou de um grupo, é verdade. Mas o erro está na formulação, e não podemos nos recusar a cumprir uma ou outra. Todas são importantes. Existem outras normas, que não são exatamente leis, mas regulam as nossas relações. Você já ouviu falar em Código de Ética?

— Já. Outro dia, meu pai estava com uma espécie de apostila, e estava escrito na capa Código de Ética.

— Você sabe o que é?

— Não.

— Hoje, quase todas empresas possuem um Código de Ética. Basicamente, é um conjunto de condutas esperadas por parte de todos funcionários. As condutas consideradas imorais, segundo os valores da empresa, são expostas no documento, para que todos tenham atitudes éticas.

— Que maneiro! Acho que deveria ter um código como esse, lá na escola. Muitas vezes, levamos bronca e não sabemos o porquê.

— Mais do que isso. Quando você leva uma bronca, imagina que está errando com quem?

— Com o professor, é lógico.

— Já imaginou que muitas vezes você pode está errando com seus colegas?

Fred faz uma pausa e depois prossegue.

— Não faça essa cara. — Fred reprime a cara de espanto de Leo — Quando você conversa em sala, atrapalha a aula, certo?

Leo concorda com a cabeça.

- O professor está dando a aula, então você está atrapalhando o seu trabalho. Mas o que os alunos estão fazendo na sala? Eles estão ali para assistir à aula, e, se você ficar falando, acabará atrapalhando o direito que eles têm de aprender a matéria. Um Código de Ética ajuda a todas as pessoas entenderem os direitos e deveres dos membros do grupo, pois nem sempre os erros que cometemos são óbvios. Ele permite que você:

Crie pactos de conduta

- Que maneiro! Fico imaginando como seria, se tivéssemos vários pactos como esse por aí, e, obviamente, com as pessoas respeitando-os.
- Por que você não propõe a construção de um código para sua turma?
- É uma boa ideia. Vou falar com... – Leo fica procurando o nome da pessoa, olha para Fred e não consegue completar a frase.
- Com o Napoleão?
- Não, com a Professora Gina, a supervisora. É ela que resolve esse tipo de situação.
- Ahhh...então está bem. – Fred faz aquela cara "me engana que eu gosto" - Converse com ela, pode ser que goste da ideia e promova nas outras turmas também. Aliás, você já está liberado, pois nosso tempo terminou. Pode ir para casa pensando em como abordar a proposta com o Napoleão.
- Já falei que é com a Gina. – Leo responde, mas sem irritação.
- É mesmo! Desculpe, troquei os nomes.
- Tudo bem. Fui!

* * *

CAPÍTULO 22

Leo se despede de sua mãe, abre a porta do carro e sai para mais uma manhã de aula. Na porta da escola, encontra, como sempre, seu inseparável amigo Sid, que está chateado e sai desabafando, sem dar um bom dia para seu amigo.

- Leo, estou bolado com meu pai! Você acredita que estou de castigo! E por quê? Porque tirei 6,0 na prova de Ciências. Você tirou 5,0, e sua mãe não fez nada.

A dupla entra na escola, Leo cumprimenta o Davi que recebe os alunos na porta. Sid passa batido. Está concentrado no seu relato e nem percebe o que acontece ao seu redor.

- Sid, cada caso é um caso. Cada família tem suas regras. Você vive me dizendo isso.

- Mas ele não precisava ser tão duro comigo. Sempre tiro boas notas! – Sid nem prestou atenção no que Leo disse, só está preocupado com os seus pensamentos. Além disso, 6,0 está acima da média. – Sid se lembra de que, para ser aprovado, a média deve ser no mínimo 5,0.

- Você não me diz sempre que seus pais são super rigorosos com as notas da escola? – Leo busca a reflexão, enquanto os dois entram na sala de aula.

- Sim.

- Então, o que tem de anormal no castigo? A nota que você tirou pode ser acima da média, mas você não costuma tirá-la. Só vejo você com setes e oitos.

- Isso é verdade. Mas foi só uma vez ...

- Não vejo você reclamando quando seus pais te elogiam quando você tira um 9,0, ou quando te dão um presente pela nota. Aí, quando você vai mal, obviamente, é punido, você reclama.

- Lógico, vou reclamar quando ganho um presente?

- Você deve concordar ou discordar das regras como um todo. Não somente, quando você sai prejudicado. Dentro da sua casa, você, seu pai e sua mãe têm regras, como se fosse um contrato. Você deve buscar respeitá-lo.

Ainda que já acontecesse por um certo tempo, Sid continua a se surpreender com seu "novo" velho amigo. Neste momento, a professora de Matemática entra em sala e dá o seu famoso e alegre "Bom dia!" para a turma, que é respondido com entusiasmo pelos alunos.

- Você continua me assustando, eu que deveria te explicar isso. Eu deveria te dar uma lição de moral.

- Eu aprendi isso no meu último encontro com o Fred. No intervalo, eu te explico mais. Vamos ficar quietos, pois vai começar a aula.

Sid, que está sentado na cadeira imediatamente atrás da de Leo, fica um pouco mais calmo. Olha para Leo e percebe que seu amigo abre a mochila e procura o caderno, sem que a professora peça. E pensa: esse Fred deve ser um anjo, disfarçado de gente, enviado para mudar a vida desse garoto.

* * *

Trinnnnnn! Bate o sinal, o professor de Geografia termina a aula e libera os alunos para o intervalo. Os colegas de Leo e Sid saem às pressas, correndo para serem os primeiros a serem atendidos na cantina. Sid também está ansioso, mas é pela explicação de Leo.

- E aí, Leo? Explique melhor essa história do contrato.

- Vamos fazer melhor. Vem comigo que te mostrarei.

Os dois saem da sala, e Sid não entende quando o trajeto de Leo não os leva para o pátio.

- Aonde estamos indo?

- Relaxa, você já vai descobrir.

Atravessam vários corredores e a curiosidade de Sid aumenta. Até que ele percebe o destino que Leo queria.

- A sala da orientadora?

Sid mergulha em pensamentos.

- *Eu sabia que era só fingimento do Leo! Sabia que por trás desse bom comportamento, ele estava aprontando. Como pude me enganar?*

Mas só expressa uma parte:

- Leo, o que você fez?

- Nada. Estamos aqui, porque eu quero falar com a Professora Gina. - E depois da cara de desconfiança de Sid. – É sério! Você não acredita?

- Te conheço há três anos, você acha que tenho motivos para acreditar?

- Pensando bem...não. Mas vou provar que você está errado.

Leo bate na porta e escuta um "pode entrar".

- Com licença. – Leo abre a porta vagarosamente, em uma atitude polida.

- Olá, Leo! Oi, Sid! Tudo bem com vocês?
- Tudo! – os dois respondem ao mesmo tempo.
- Não foi o Napoleão que pediu para vocês virem aqui, foi?
- Não. – os dois respondem com um risinho sem graça.
- Então, já que não temos um problema, em que eu posso ajudar?
- É o seguinte, eu queria fazer uma sugestão. Muitas vezes, sem querer, os alunos cometem erros. Se eles soubessem que é errado, não fariam.
- Estou entendendo e concordo. Continue.
- Os alunos nem sempre conhecem as regras da escola e as normas que cada professor estabelece. Certas situações ficam difíceis de entender. Por exemplo, na hora da explicação, é muito importante, para entendermos a matéria, que ninguém converse. Então, os professores são muito rigorosos com quem conversa nessa hora. Entendo o motivo deles, mas seria melhor se deixassem isso claro. Eles poderiam fazer um pacto com a gente, estabelecendo as regras, o que pode e o que não pode.
- Legal, Leo. Mas já existe isso. Está tudo no Manual do Aluno.

Leo fica em silêncio um minuto. Não tinha pensado no Manual do Aluno, mas ainda falta alguma coisa.

- O problema é que o Manual do Aluno foi apresentado na sala pelo diretor, e ninguém quer fazer nada obrigado. Se os alunos pudessem participar da formulação das regras...
- Aí seria uma bagunça! – Gina interrompe Leo e não gosta da ideia.
- Pois eu discordo.
- Você acha que os alunos colocariam limites nas suas ações, se pudessem escolher?
- Acho que sim.
- Olha, Leo, estou aqui há mais de dez anos e nunca passou pela minha cabeça isso. Seria uma anarquia[41]!
- Eu tenho uma prova de que não seria.
- É mesmo? Qual seria?

Leo não responde com palavras, simplesmente aponta com o indicador para o próprio peito. Depois prossegue:

- Você acha que eu melhorei meu comportamento?

Gina balança a cabeça afirmativamente.

- Não foi nenhum milagre. Eu simplesmente entendo melhor que devo cumprir

---
41 Anarquia: desordem, falta de comando

as regras, agora. Eu desenvolvi um senso moral e quero segui-lo. Todos os dias eu consulto o meu senso moral e escolho fazer o que é certo.

Leo começa a conquistar a aprovação de Gina, que passa a demonstrar sinais de curiosidade e interesse.

- E como foi isso?
- Foi através do diálogo que tenho toda semana com o Fred.

Gina faz cara de quem não conhece a pessoa.

- O Fred é um pedagogo que me ajuda. Se todos pudessem passar por isso, o comportamento da minha turma seria bem melhor.
- Qual é a sua ideia exatamente?
- Montar um Código de Ética para a turma.

Sid se manteve calado todo tempo. Prestou bastante atenção em tudo que Leo disse e agora conseguiu entender bem o que seria um contrato moral ou um Código de Ética.

Neste momento, a porta se abre. Leo e Sid se viram e veem um homem gigante entrar na sala. É o diretor Napoleão.

- Bom dia, professora! Está tudo bem? – Napoleão fala baixinho e tem a postura formal de sempre.
- Bom dia, Professor Napoleão. Que bom que você chegou.

Se Gina pudesse descrever em uma frase a cara com que Leo olhou para ela seria: "Não fale nada, pelo amor de Deus!"

- Estamos com algum problema aqui? – se aproxima e coloca as mãos nos ombros de cada um dos meninos.
- Não, na verdade, já estávamos de saída. – Leo se antecipa, levanta-se da cadeira, mas Gina impede.
- Não, espere um momento. A pessoa certa, para você fazer sua sugestão, é exatamente o diretor. Aproveite e fale para ele.
- O que você gostaria de sugerir, Leonardo? – a voz de Napoleão é amedrontadora[42].
- Deixa para lá. Mudei de ideia, depois eu falo com vocês.

Leo sai da sala, acompanhado de Sid que nada falou, demonstrando nervosismo. Napoleão fica curioso e pergunta a Gina do que se tratava:

- Ele veio sugerir, a construção, na turma deles, de um Código de Ética.
- Interessante. Coincide com o nosso projeto da Feira de Ciências.
- É mesmo, eu tinha até esquecido.

---
42 Amedrontadora: assustadora

- Não há problema, eu falo com ele depois. Aliás, já faz um tempo que ele não aparece lá, e agora essa história de montar um Código de Ética. Esse garoto passou por uma verdadeira transformação.
- Você está certo. Ele fez terapia com um pedagogo. Seu nome é Fred.
- Não deve ser um pedagogo.
- Como assim?
- Deve ser um anjo, disfarçado de gente, enviado para mudar a vida desse garoto.

* * *

Ao sair da sala, Sid resolve se pronunciar.
- Leo, o que houve? Você estava tão empolgado com a ideia do Código de Ética e, quando o Napoleão chegou, você desistiu! Não entendi nada.
- Deixa para lá, Sid. Não perturba.
- Por que você ficou tão nervoso? Pode se abrir comigo, sou seu amigo.
"Sid tem razão, sempre foi um bom amigo, posso me abrir com ele", pensou Leo.
- O Napoleão é muito ruim comigo. Não quero ficar conversando com ele e falando da minha ideia.
- Não estou te entendendo. Você se entendeu com o professor de Geografia, tenta proteger o Heitor, defende o meu pai, e não consegue perdoar o Napoleão porque ele te suspendeu.
- Não é só isso. Não dá para conversar com ele.
- Ele se mostrou interessado em te ouvir.
- É só fingimento.
- Leo, entendi o que você explicou sobre o Código de Ética e achei super maneiro. Agora, sou seu amigo, e devo lhe dizer que você não está seguindo o que está ensinando, conversarei com meu pai e você deve conversar com o diretor.
- Está bem, Sid. Mas eu preciso de um tempo.
A dupla chega ao pátio e se separa. Leo precisa de um tempo sozinho para pensar, e Sid percebe e respeita isso.
Todo esse tempo na terapia com Fred fez com que Leo ficasse muito mais maduro. Porém, em certos momentos, todos precisam de tempo para superar seus problemas. Ele passa o resto do intervalo caminhando pelo pátio, pensando sobre

a situação e sobre o que Sid lhe disse. O sinal toca, os alunos retornam para suas salas, e Leo sobe em silêncio.

Ao retornar, Sid tenta puxar assunto, mas ele continua em sua reflexão solitária. A professora de História entra em sala, a matéria favorita de Leo, mas ele continua em silêncio, mesmo quando ela continua a explicação sobre a Revolução Francesa, assunto que tinha fascinado o garoto. Depois de uma hora de aula, ele se manifesta.

- Professora, posso ir ao banheiro?
- Sim.

Leo levanta de sua carteira, sai de sala e vai até o banheiro. Na volta, olha para a parede e lê em uma placa indicativa: DIRETORIA. Para e subitamente[43], uma enorme motivação o contagia, e ele resolve conversar com o Napoleão. O inspetor o encontra e pergunta:

- Não está na hora de você voltar para sala?
- Está sim, mas gostaria de falar com o diretor, posso?
- É importante?
- MUITO.
- Então, tudo bem.

Leo desce, vai até a secretaria e pede para conversar com o diretor. Depois de cerca de dez minutos, ele autoriza a entrada do garoto.

- Leonardo Gantes, o que lhe traz aqui? – Napoleão não demonstra simpatia, mas não é grosseiro.
- Gostaria de conversar com o senhor sobre uma ideia que eu tive.
- Não está no meio de sua aula?
- Está sim.

O diretor para por um instante, pensa um pouco, e depois continua:

- Não tenho esse hábito, mas vou abrir uma exceção para você. Pode falar, meus ouvidos são seus.

Leo passa a relatar seu ponto de vista e a proposta sobre o Código de Ética. Napoleão demonstra atenção pela fala do garoto, e, quando ele termina, emenda:

- Achei muito interessante sua ideia. Não sei se a Professora Gina lhe falou, mas a escola está com um projeto parecido. Estaremos realizando, no próximo mês, a Feira de Ciências, e um dos projetos é a construção de um Código de Ética Ambiental.
- Que show!
- Realmente, é interessante. – Napoleão não perde uma chance para criticar

---
43 Subitamente: de repente

o linguajar dos jovens – Você poderia propor um Código de Ética, e sua turma poderia ficar responsável pela construção do Código de Ética Ambiental.

Leo fica em silêncio, pensando sobre a proposta, e depois responde.

- Gostei. Vou verificar com a galera e depois te respondo.
- Verificarei com os meus colegas de turma, e depois retorno para o senhor.
- Tudo bem. Aguardo seu retorno. Agora, pode voltar para a sua aula.
- Tchau... quer dizer, até logo, diretor.
- Tudo bem, o tchau estava ok.

Leo sai de sala e retorna para a aula muito feliz. Conseguiu vencer um grande desafio e quebrou uma barreira, um preconceito que tinha contra o diretor. Ele continua sendo chato, mas pelo menos não é tão ruim, quanto ele pensava.

* * *

CAPÍTULO 23

Leo espera ansiosamente a chegada de seu pai. Quer muito contar a conversa que teve com o Napoleão e a ideia do Código de Ética. Está também curioso para saber como anda o clima no seu trabalho, e o seu sentimento de frustração, apesar de Fred ter advertido para que ele não se metesse. Ele está em seu quarto, no computador, quando escuta a porta se abrir. A ansiedade é tão grande, que ele corre para encontrar seu pai.

- Oi, filho, tudo bem?

Leo dá de cara com sua mãe. Por um momento, passa pela sua cabeça:

- *Poxa, quero tanto falar com meu pai, e quem chega é a minha mãe! Peraí, estou chateado porque minha mãe chegou? Que absurdo! Devo conversar com ela sobre meu dia. Mas... tenho medo que ela fique no meu pé. O que eu faço?*

- Filho, está tudo bem mesmo?

- Está sim, mamãe, por quê?

- Fiquei com a impressão de que você queria me falar alguma coisa.

Joana dá uma chance ideal para Leo se abrir, mas ele ainda não está pronto.

- Você está enganada, mãe. Não tenho nada para falar, não.

- Então, está bem.

Joana finge acreditar na palavra de seu filho. Seu sexto sentido materno lhe diz que há algo errado, mas tem se esforçado em dar mais espaço para Leo. Após tomar o seu banho, vai à cozinha beber água, quando Carlos entra pela porta.

- Oi, amor, tudo bem? – Carlos cumprimenta amavelmente[44] sua esposa.

- Tudo. – Joana responde com uma voz apagada.

- O que houve? – Carlos pergunta, enquanto tira o paletó e coloca sua pasta sobre a mesa.

- Acho que o Leo iria me contar algo, mas desistiu. Você sabe o quanto tenho me esforçado para abrir um canal entre nós dois.

- Eu sei, é verdade. Mas se você estiver certa, é um progresso. Ele quase falou, antes não chegava nem perto disso. Estamos caminhando bem, você deve se alegrar. – Carlos dá um caloroso abraço em sua esposa no final de sua frase.

- É, você tem razão.

Leo escutou toda conversa. Não foi de propósito, mas estava quase entrando na

---

44 Amavelmente: carinhosamente

cozinha, quando a conversa começou e não quis atrapalhar. Agora, um remorso domina seus pensamentos.

- *Não sabia que para minha mãe era tão importante conversar comigo! E todo esse tempo, estou pensando se devo ou não falar com ela. Caramba! Estou me sentindo tão culpado.*
- Oi, filho, e as coisas? – Carlos sai da cozinha e encontra Leo com cara de "o que que eu fiz!"
- Está tudo bem.
- Mesmo?
- Mesmo.

Carlos dá um beijo na testa de seu filho e caminha para seu banho. Leo volta para seu quarto, e nem se lembra de que estava com sede. Ele volta para o computador, entra na net e procura, nos chats de sempre, Sid ou Teresa, para conversar sobre o problema. Acessa o site, mas não encontra ninguém.

- *Que estranho! Ninguém está online. Por que será? Ihhhh... esqueci que amanhã é teste de História! Todos devem estar estudando, e eu nem comecei.*

Leo desliga o computador e procura seu caderno e livro para começar o estudo. Depois de cerca de meia hora, seu pai abre a porta do quarto.

- Está estudando, meu filho?
- Estou sim.
- Então, não vou te atrapalhar.
- Não, pai, venha aqui, por favor. – Leo chama seu pai, que já estava saindo do quarto. – Como estão as coisas, no seu trabalho?
- Estão bem. – Carlos não transmite convicção[45] com as suas palavras.
- O Jaques falou alguma coisa?
- Nada novo.
- Sabe, pai, em nossa última conversa, durante o jantar, falei para você que achava o Jaques injusto e que ele deveria te promover. Conversei com o Fred sobre o caso e acho que você deve falar sinceramente com seu chefe sobre o assunto.
- Sei.
- Mais uma coisa, qual é o contrato entre vocês?
- Contrato? Não entendi.
- Existe um contrato entre vocês. Você deve executar o trabalho, e a empresa te paga, mas não para por aí. Você quer mais, quer ser promovido, não é? A escolha para promoções também deve estar no contrato, você deve buscar saber qual é a regra para isso, ou seja, quais são os critérios. Conhecendo os critérios, se você não estiver satisfeito, deve procurar outro lugar.

45 Convicção: certeza

Carlos não se surpreende mais com as respostas de Leo.

- Legal. Não tinha pensado por esse aspecto.
- Não estou falando para você pedir demissão.
- Não se preocupe, eu entendi e vou pensar sobre o assunto. Gostei bastante desse conceito do contrato.
- Eu até levei para a escola, e você não vai acreditar, conversei com o Napoleão sobre o assunto. Vamos implementar na escola.
- Agora só falta você resolver um contrato.
- É, eu sei. – Leo entendeu rapidamente a situação sinalizada por seu pai - Hoje eu quase conversei com ela.
- Fique tranquilo, não fique triste, é assim mesmo. Você entende que entre você e sua mãe também há um contrato, não é?
- Sim. Ela deve me proteger, me educar, cuidar de mim, e eu devo me esforçar e respeitá-la.
- Existe uma coisa que não precisa ser colocada no contrato, que é natural, vocês se amam. Isso sim é fundamental. Relaxe, pois o amor dará um jeito nessa relação de vocês. Boa noite, filho!
- Boa noite, pai!

Mais uma vez o papo de Carlos transmite tranquilidade para Leo. Infelizmente, não transmite conteúdo de História, e Leo ainda tem que estudar, antes de dormir.

PARA PENSAR ...

- O que devemos fazer quando encontramos regras e leis com que não concordamos?
- Como seria a construção de um "Código de Ética" na sua turma na escola?
- Qual a relação entre a lição 6 e o castigo proposto pelo pai de Sid, devido a sua nota baixa?
- Você concorda com Leo que a construção de um "Código de Ética" ajudaria na redução dos problemas disciplinares de uma turma. Por quê?
- Pesquise, analise e proponha para seus amigos, um "Código de Ética Ambiental".

---

* * *

LIÇÃO 7

MULTIPLIQUE ATITUDES ÉTICAS

CAPÍTULO 24

Leo abre a porta de sua casa e se sente frustrado, por achar que foi mal no teste de sua matéria preferida. Sid está junto, foi almoçar na casa de seu amigo, para começarem a fazer o trabalho da Feira de Ciências. Ao entrarem na cozinha, Leo sai abrindo as panelas para conferir o que comerão.

- E aí, Déa? Qual é o rango?
- Leonardo, por que você, em vez de abrir as panelas, não me pergunta qual é o cardápio? – Déa era a doméstica[46] de sua mãe, estava com a família há cinco anos e era uma ótima cozinheira.
- Ihh... desculpa, Déa! Foi mal mesmo. Qual é a comida?
- Deve estar muito ruim mesmo. Você abriu a panela e não identificou. É arroz, feijão e carne assada.
- Não tem uma batata frita, não? – Sid já tinha intimidade para ser um pouco folgado.
- Não tem não! Aliás, Sid você nem deveria perguntar isso, pois está precisando de uma dietinha. – Déa não dava mole para os meninos e não perdia uma oportunidade para dar o troco.
- Déa, coloque, por favor, nossos pratos que temos muito trabalho para fazer.
- Está bem, podem se sentar à mesa.

Enquanto esperavam ansiosos seus pratos, Leo e Sid combinavam a pesquisa.

- Quando terminarmos de almoçar, vamos direto para o computador, para adiantar a pesquisa. Assim, quando a Teresa e o Chico chegarem, já estaremos adiantados. – Leo sugere.
- É mesmo, gostei da ideia. Aliás, achei o trabalho maneiríssimo! Estou doido para fazer.

---
46 Doméstica: mulher que se ocupa dos trabalhos caseiros

- Foi legal a turma ter aceitado a ideia do Código de Ética Ambiental.
- E vai ser moleza tirarmos um notaço e depois ficamos mais tranquilos no final do ano.
- Meninos, o almoço está pronto. – Déa entrava na sala e trazia os pratos em uma bandeja. – Preparei um suco de manga, vocês querem?
- Não, Déa, me traz um refri.
- Você sabe muito bem que refrigerante, aqui em casa, é somente no final de semana.
- Tudo bem! Se colar, colou! Não colou, fazer o quê! – os amigos caem na gargalhada.
- Hahahha... – Déa dá uma risada irônica e para abruptamente[47] - não achei nada engraçado.

Leo e Sid comem rapidamente. Parecem até dois executivos, que têm um grande trabalho, valendo promoção, para entregar.

* * *

Depois de utilizarem os tradicionais sites de busca, a dupla transparece decepção:
- Poxa, essa pesquisa não está fácil. Normalmente, aparecem sites com pesquisas e informações prontas. Já clicamos nos dez primeiros e não tem nada pronto. Isso está esquisito.
- Mas, Leo, aí também é demais. Você quer tudo mastigado, prontinho, isso não é pesquisa, é recorte e colagem, nós fazíamos isso no jardim. Vamos pesquisar esses termos, que a professora sugeriu.

Os amigos passam mais meia hora pesquisando, quando Teresa chega.
- Oi, pessoal!
- Oi, Tetê!

Teresa cumprimenta os dois, com abraços e beijos nas bochechas. Leo fica muito feliz quando reúne seus dois melhores amigos, e se lembra de que queria conversar com eles sobre o que ouviu, no dia anterior.
- Galera, vamos fazer uma pausa.
- Já?! Mas nem começamos! – Teresa não entende nada.
- Eu sei, Teresa, mas queria conversar com vocês sobre uma "parada" minha.
- Ah, tudo bem.

---

47 Abruptamente: repentinamente

- É, temos bastante tempo. – Sid pondera, dando liberdade ao amigo.
- Vai ser rápido. Depois que comecei as sessões com o Fred, acho que tenho melhorado muito...
- Isso é verdade. – Teresa interrompe concordando, pois ainda não tinha falado sobre isso com Leo.
- Não estou falando do meu comportamento na escola. Estou me sentindo melhor, tudo faz mais sentido, entendo as regras de verdade, não preciso reclamar delas, converso com os professores, com meu pai, até com o Napoleão eu já falei.

Teresa não fala nada, pois não quer interromper, mas olha descrente[48] para Sid, que confirma com a cabeça.

- Mas tem uma pessoa, com quem eu ainda não consegui me resolver: minha mãe.
- Eu acho sua mãe tão legal. – Sid dá sua opinião.
- E é, faz tudo por mim. Mas ela também me cobra demais, me sinto mal quando não retribuo.
- Mãe é assim mesmo! – Teresa tenta minimizar a tristeza de Leo.
- Eu sei que mãe é mãe, mas você se dá super bem com a sua, não é? E o Sid também.

Os dois concordam com a cabeça. Teresa perdeu o pai, quando tinha dez anos, e tinha uma relação de amizade muito forte com sua mãe.

- Lá em casa, o terrorista é meu pai. – Sid coloca sua situação.
- Ontem, eu peguei, sem querer, ela falando que está se esforçando para se aproximar de mim, me senti muito mal.
- Leo, acho que você deve se esforçar para falar com ela. Afinal, ela é sua mãe. Vai te dar broncas, te cobrar, colocar de castigo porque é o papel dela. A minha não é diferente, mas conseguimos conversar sobre tudo. Muitas vezes, fico chateada com ela, mas passa. – Teresa convence todos com sua voz meiga.
- É mesmo, você sente que ela está se esforçando? – Sid pergunta.
- Sinto.
- Então, é mais um motivo, se coloque no lugar dela. – Teresa conclui.

Leo se lembra da "Regra de Ouro", dos imperativos de Kant e se pergunta: *"Se fosse meu filho, eu gostaria que conversasse comigo?"*

- Eu já pensei em tudo que vocês estão me dizendo, mas não é fácil.
- Nisso eu concordo com você, mas fazer o certo é sempre mais difícil. – responde Teresa, e os outros dois a olham com cara de interrogação.

---
48 Descrente: que não acredita

- O que foi? Vi isso em um filme.
- Fala, pessoal! - Chico entra no quarto, dando susto em todos.
- Ai, garoto! Não entra assim. – Teresa, como sempre, dá sua bronca em Chico.
- E aí? Sobre o quê vocês estão falando?
- Nada que te interesse! – a tensão entre Teresa e Chico era tão grande, que algumas pessoas apostavam que eles acabariam se casando.
- Nada, não. – Leo intervém, colocando ponto final na conversa.
- E aí? Já terminaram?
- Não, estamos no meio. – Sid responde.
- Pô! Quer dizer que vou ter que fazer alguma coisa? Pensei que chegaria, assinaria o trabalho pronto e blem!
- Blem! – Teresa dá um tapa na nuca de Chico – Agora só falta terminar o trabalho e assinar, gostou? – Chico olha para Teresa, como se fosse revidar, mas Sid se adianta.
- Parem com isso. Vamos voltar para o trabalho.

Os amigos voltam para a pesquisa e dividem o trabalho para agilizar. Sid imprime o que já foi selecionado, e continua na pesquisa na internet. Teresa e Chico resumem a parte que já foi pesquisada, e Leo se oferece para definir Ética e Código de Ética. Porém, apesar de saber as definições e como escrevê-las, ele não consegue colocar nada no papel, pois seus pensamentos estão voltados para sua mãe e o papo que ainda não tiveram.

Algumas horas depois, Teresa, que sempre lidera os grupos, já resumiu boa parte do material, fazendo mais que o dobro de Chico, e pergunta aos demais como está indo o trabalho:

- Achei uma parte muito boa sobre a história da Educação Ambiental.
- E você, Leo?

Leo tenta enrolar, mas depois assume.

- Poxa, Leo, você não fez nada?
- Foi mal, estou um pouco desconcentrado.
- Cara! Você está pior que eu! – Chico não perde uma oportunidade para demonstrar o seu humor.
- Desculpe, galera!
- Tudo bem, Leo. Depois você faz. Aliás, acho melhor pararmos, está ficando tarde e tenho que ir.
- É verdade, adiantamos bem. Podemos terminar amanhã. – Sid concorda.
- Prometo que aprontarei minha parte até amanhã.

- Acho bom mesmo.
- Cala a boca, Chico! Você não fez praticamente nada!
- Calma, gente. É melhor irmos embora.

O grupo termina seu trabalho, e todos vão para suas casas. Leo já está na sua, deita em sua cama, com olhar voltado para o Batman e começa a pensar em como vai conversar com sua mãe.

* * *

- Oi, filho!

Leo acorda e se surpreende com a hora, pois não costuma ser acordado a essa hora. Seu pai deve realmente ter algo muito importante para lhe falar.

- Oi, pai!
- Desculpe te acordar, mas queria te contar o que acabou de me acontecer.

Leo pensou logo: *"Nunca vi alguém tão animado em sair do emprego!"*.

- Não pense que pedi demissão.
- Então, foi promovido!?
- Também não! Você lembra do seu tio Alexandre?

Leo faz cara de interrogação.

- Lógico que não, que pergunta minha, você tinha quatro anos, quando ele foi para os EUA. Bem, vou resumir para você. Sua mãe tem um primo chamado Alexandre. Ele foi estudar e trabalhar nos EUA há dez anos, fez um "pé de meia" e agora está retornando para o Brasil. Agora, ele está capitalizado[49] e me ligou hoje. Falamos sobre a possibilidade de abrir um negócio juntos.
- Que maneiro! – Leo realmente gostou da ideia, mas está com muito sono para vibrar com mais intensidade.
- Estou tão feliz que tive de te acordar para contar.
- E mamãe?
- Já contei para ela e adorou a ideia. Marcamos um almoço no domingo, aqui em casa, para discutirmos algumas propostas.
- Parabéns, papai!
- Boa noite, Leo.

Carlos se despede de seu filho, que volta a dormir dois segundos depois. Enquanto isso, Carlos terá muita dificuldade de pegar no sono, tamanha é a energia que o consome e o turbilhão[50] de ideias que o envolve.

---
49 Capitalizado: com acumulação de capital(dinheiro
50 Turbilhão: grande agitação

i

CAPÍTULO 25

Fred retorna do almoço, abre a porta de sua sala e toma um susto quando olha para os bancos, na sala de espera.

- Leo? Você hoje aqui?
- Foi mal ter vindo sem avisar.
- Não, sem problemas.
- Você tem um tempinho?
- Tenho sim, meu próximo cliente está marcado para daqui a uma hora.

Os dois entram na sala, onde as sessões são realizadas, e Leo vai direto se explicando:

- Eu sei que hoje não é o nosso dia e horário, mas...
- Que isso! Nós temos intimidade para isso. Pode falar.

Leo fica um pouco pensativo, sem saber quais palavras utilizar, então Fred resolve ajudar.

- Não fique assim, Leo. Hoje, te considero um amigo, não um paciente. O que estamos fazendo não é uma sessão, mas um bate-papo amigável, ok?
- Ok. Eu vim até aqui por dois motivos. Na verdade, três. Primeiro, eu fiquei com saudades de nossas conversas. – Fred balança a cabeça, concordando e agradecendo o carinho. – Segundo, queria te contar sobre a conversa que tive com o Napoleão e minha situação com minha mãe.

Então, Leo começa a narrar sua jornada na escola, a conversa com Gina, o aparecimento do Napoleão, e depois sua iniciativa em procurá-lo. Fred elogia e diz que isso se chama iniciativa, e que é uma atitude fundamental nos dias de hoje. Em seguida, relatou sobre o projeto da Feira de Ciências e o Código de Ética Ambiental.

- Que projeto interessante! E o que você já pesquisou?
- Pesquisamos mais sobre Educação Ambiental, porque existe muito pouco material sobre Ética Ambiental, você sabia?
- É mesmo? Não tinha essa noção. Então, você tem uma grande oportunidade, poderia escrever sobre isso.
- Eu? Escrever? Isso é impossível! Nunca tirei nem 7,0 nas minhas redações!

Fred acha engraçado e julga que não é o momento de insistir neste assunto.

– Tudo bem, falamos sobre isso depois, mas fale sobre sua mãe.

Leo suspira, mesmo com a liberdade que desenvolveu com seu tutor[51], tem dificuldade de falar sobre esse assunto. Depois de um curto tempo em silêncio, que foi respeitado sem interrupção por Fred, ele respira fundo e começa a relatar uma breve história de sua relação com sua mãe, e a pressão que ele sofre. Fred já conhecia esse lado da história, através das conversas que teve com Joana. Em outro momento, chegou até a sinalizar para ela, mas escutou tudo como se fosse novidade e, quando sentiu que Leo havia falado tudo que queria, perguntou ao garoto:

– Acho que entendi, mas por que você me contou? Você quer simplesmente desabafar, ou quer uma opinião, um conselho? Porque, como falamos agora pouco, para mim isso que estamos fazendo é um bate-papo entre amigos, e nem sempre quando dois amigos estão conversando, existe o aconselhamento.

– Eu estou procurando realmente um conselho.

– Então, está bem. Leo, na minha experiência, poderia lhe dizer que todas as pessoas são únicas, diferem umas das outras, como nós vimos em nossos primeiros encontros. Temos particularidades, que fazem com que tenhamos afinidade com algumas pessoas e com outras não. Com as pessoas com quem não temos afinidade costumamos ter mais dificuldade em conversarmos, nos entendermos etc. Até aí tudo bem, o problema é quando temos essa dificuldade com algum familiar próximo, com pai, mãe, esposa. Porque essas pessoas nós amamos, de forma incondicional, estão sempre conosco.

– E aí? – Leo gostou da explicação, mas está ansioso pela solução.

– Eu sugiro que você sente com sua mãe, e converse com ela sobre suas dificuldades de forma sincera. Você tem de agir na raiz do problema, procurar se entender de verdade, não somente falar sobre o problema atual. Criar um canal de entendimento mútuo.

– Eu tenho medo. Medo de magoá-la.

– Eu também teria, mas se você quer se entender com ela, não existe outro meio. Digo para você que já vi isso acontecer, aqui no consultório, diversas vezes e quase sempre deu certo.

– Quase sempre? O que pode dar errado?

– Ela pode não querer ouvir, não buscar te entender. Isso é um risco, mas, como te falei, não vejo outro caminho.

– Tudo bem. Vou pensar sobre o assunto.

– Mas você disse que eram três motivos, qual é o terceiro?

---

51 Tutor: defensor, professor

- Estive pensando e acho que estou pronto para dar um passo.
- Qual passo?
- Acho que devemos encerrar nossas sessões. Mas não quero que fique chateado comigo. – Leo demonstra uma grande preocupação na entonação[52] da última frase.
- Por que eu ficaria chateado com você, se já falamos que a continuação deveria ser uma decisão sua?

Os dois, que antigamente eram paciente e terapeuta, e agora se chamam por amigos, vivem um momento de grande emoção. Em silêncio, Fred e Leo mantêm, olhos nos olhos, uma troca de energia, que ficará gravada na vida de ambos. Fred estica seu braço e coloca as mãos sobre o ombro esquerdo de Leo, que carinhosamente, coloca sua mão direita sobre a de seu amigo.

- Sabe, Fred, cheguei a casa, no dia de nossa última sessão, e passou um filme na minha cabeça. Lembrei-me de nosso primeiro dia, o quanto eu estava rebelde, o quanto resisti em conversar com você. Depois, fui lembrando de todos encontros, dos debates sobre livre-arbítrio e "Regra de Ouro", e também fui analisando meu comportamento na escola e em casa. Cheguei à conclusão de que você me ajudou MUITO, sem você eu não teria conseguido todo esse progresso. Não sei como te agradecer.
- Leo, também eu tenho de te agradecer. – Leo faz cara de que não entendeu – Seus pais pagaram por cada hora que fiquei com você, é óbvio, é o meu trabalho, mas na vida, dinheiro não é tudo. Não conseguimos colocar um valor e pagar por qualquer coisa. Quando seu pai falou comigo, há dois meses atrás, eu fiquei um pouco reticente[53], porque nunca havia feito esse trabalho, e depois desse tempo a minha conclusão é a seguinte: ADOREI. Gostei bastante de trabalhar com você, me proporcionou um senso de propósito muito grande, você sabe o que é isso?
- Não.
- O trabalho com você tem significado, eu me sinto útil de verdade, sinto que estou ajudando a mudar para melhor a sua vida e isso não tem dinheiro que pague. Não que eu vá devolver o dinheiro dos seus pais.

Os dois caem na gargalhada, e Fred continua:

- E sem você eu não teria tido essa oportunidade, não estaria me sentindo assim. Assim, eu também devo lhe dizer: OBRIGADO!

Os novos amigos se levantam e se abraçam emocionados. Além de uma melhoria no comportamento de um, e de um maior significado na vida do outro,

---

52 Entonação: módulo da voz
53 Reticente: hesitante, temeroso

conseguiram criar um laço de amizade sincera que surtirá outros frutos no futuro.
- Leo, posso lhe perguntar mais uma coisa?
- Lógico, pode falar.
- Você conhece o Ben Parker?
Leo fica pensativo, coloca a mão no queixo e não consegue se lembrar.
- Esse nome não é novo para mim, mas agora não consigo lembrar de onde.
- É o tio do Peter Parker, o Homem-Aranha!
- Ahhh...o que é isso? Uma charada?
- Não. No filme, tem uma frase dele que eu acho muito legal e sintetiza o que eu quero te dizer, nesse momento. Ele virou para o Peter e disse: "Grandes poderes exigem grandes responsabilidades!"
Leo faz uma cara que quer dizer: "E daí?"
- Acho que você aprendeu muita coisa legal aqui. Significa que você adquiriu conhecimento, e isso é poder. Seguindo a frase de Ben Parker, agora você tem mais responsabilidades, por isso não guarde somente para si, o que você aprendeu. Eu lhe peço:

Multiplique atitudes éticas

No final de seu discurso, Fred já falava pausadamente devido à emoção. Leo gesticula com a cabeça, concordando com o pedido de Fred e depois dispara:
- Fred, só mais uma preocupação. Você não vai chorar, não é?
- Ué, qual o problema se eu chorasse?
- É coisa de boiola!
- Você acha mesmo? Pois eu penso que as lágrimas constituem o líquido mais revelador nesse mundo. Sempre que choramos é porque fomos atingidos em cheio em nossos sentimentos, seja em uma vitória ou em uma derrota. Nesse momento, encontramos algo que é muito importante para nós. Um dia você, provável e felizmente, encontrará algo que tem tanto valor, tanto significado para você, que irá chorar.
- Eu não entendi muito bem o que você disse, mas espero que não ache, um dia, "felizmente" chorar.
- Veremos.
- Fred, preciso ir.
- Eu também tenho que me preparar para a chegada do meu próximo cliente.

Um abraço, MEU AMIGO, e até logo.
    - Tchau! Fui!
    Os dois se abraçam e se despedem. Leo abre a porta e se encaminha para sua casa, enquanto Fred permanece em sua sala e cada um alimenta um sentimento diferente. Enquanto Leo parte feliz e se sentindo uma pessoa melhor e mais capaz, está ansioso para enfrentar as próximas jornadas de sua jovem vida; Fred, também está feliz, mas sente que uma jornada importante de sua vida chegou ao fim, e, dessa forma, deve buscar novos desafios.

PARA PENSAR ...

- Você concorda que *"Fazer o certo é sempre mais difícil"*?
- Você concorda com Fred, quando ele diz que com as pessoas com quem temos pouca afinidade é mais difícil conversarmos? O que devemos fazer quando estamos em uma situação dessas?
- Você concorda com a citação: "Grandes poderes exigem grandes responsabilidades!"? Por quê?
- Qual a importância da lição 7 para nossa sociedade?

---

* * *

APLIQUE O QUE VOCÊ APRENDEU

CAPÍTULO 26

- Leo, seu pai me falou que você queria falar comigo.
- Sim, mãe, é verdade, você tem um tempinho?
- Tenho sim. – Joana entra no quarto e senta na cama do ainda sonolento Leo – Pode falar.
- Desde que comecei meus encontros com o Fred, eu estou em um processo de amadurecimento muito grande. Minha avaliação, que é confirmada por colegas, professores e familiares, é que eu apresento um progresso muito grande nos meus relacionamentos e responsabilidades, que é derivado desse maior entendimento, desse amadurecimento pessoal.
- Sim, é verdade, meu filho, eu também posso confirmar isso.
- Entretanto, ainda apresento uma dificuldade muito grande de conversar com a senhora sobre meus problemas, e essa dificuldade nós criamos juntos, de forma não intencional. O que estou querendo dizer é que não foi de propósito, mas a forma controladora como a senhora conduz a nossa relação mãe-filho faz com que eu me sinta tolhido[54], gerando um efeito oposto. Quanto mais me sinto controlado pelas suas ações, mas me retraio, e acabo me fechando para qualquer aproximação, impossibilitando nosso diálogo franco e afetivo.
- Poxa, filho, não sei o que dizer.
- Não se preocupe ou se frustre, mamãe, pois lhe procurei, exatamente, para iniciarmos um processo de resolução deste mal-estar. Gostaria que a senhora se esforçasse, e me desse espaço, procurasse me ouvir, e não ter uma postura de dona da verdade em todos os momentos. A minha parte dessa operação será dar uma oportunidade nova para a senhora a cada dia, acreditando que poderemos nos comunicar e conviver de modo harmonioso...
- Leo!

---
54 Tolhido: proibido, vedado

- Mãe, acabei de falar e a senhora já está gritando comigo...
- Leo!
- Não sei mais o que...
- Leo, acorda! Já passa de meio-dia, e as visitas estão chegando.

Joana entra no quarto e sai puxando a coberta, para que Leo levante mais rapidamente e depois volta para a sala. Ele, ainda sonolento, pensa:

- *Nossa! A conversa estava indo tão bem! Porque nos sonhos elas são mais fáceis? Eu nem engasguei, sabia exatamente que palavras usar. Será que consigo falar tão bonito, quando estiver acordado?*
- Leo, vamos! Que moleza é essa?
- Mãe, você disse, visitas? – pergunta sem entender.
- Isso mesmo! Você esqueceu que seu tio Alexandre virá almoçar conosco hoje?
- *É verdade! Tinha esquecido.*
- Mas por que você disse visitas?
- Porque seu pai convidou o seu padrinho e família também. Levante logo!

Leo levanta com a velocidade de uma lesma e se dirige para o banheiro para escovar os dentes.

- Leo, não esqueça de arrumar a sua cama! – normalmente Joana permite que o garoto deixe seu quarto zoneado, mas isso não vale para quando a casa recebe visitas.
- Está bem.

Depois de escovar os dentes e arrumar sua cama, Leo procura seu pai para saber das novidades, e o encontra no computador.

- E aí, pai!
- Oi, garoto! Bom dia!
- Bom dia! O que está fazendo?
- Estou fazendo uma pesquisa na internet.

Carlos demonstrava uma motivação e uma aparência cheia de energia que Leo não via há muito tempo.

- Que tipo de pesquisa?
- É sobre um possível negócio que eu, seu padrinho Fernando e seu tio Alexandre conversaremos mais tarde. Por sinal, estou um pouco ocupado agora. Podemos conversar mais tarde?

Leo, ainda devagar devido ao sono, simplesmente concorda com a cabeça e sai do escritório, encontrando sua mãe.

- Leonardo, ainda de pijama. Vamos logo, coloque uma roupa decente.
- Isso você não mandou.
- Tenho que dizer tudo, é?

Leo com sono ficava muito debochado e quando voltava para seu quarto, a campainha tocou. Leo colocou um short e uma camisa mais rapidamente, pois ficou curioso e queria saber quem tinha chegado. Voltando para a sala, dá de cara com um sujeito muito alto, "deve ter uns dois metros", pensou, cabelos castanhos claros e um rabo de cavalo. Vestia calça de tectel, um tênis maneiríssimo e uma camisa de futebol americano.

- Leonardo, venha aqui, você se lembra do seu tio Alexandre?
- Ah, Jô, ele não deve lembrar, já faz tanto tempo. E aí, como está garotão?
- Estou bem. – Leo esticou a sua mão e seu tio deu um grande aperto, aquele aperto de "tio que leva para o Maracanã ver o clássico no domingo".
- *Jesus*! Quando eu parti, você era um bebê.
- É o tempo passa rápido para eles. – Joana fala em tom de nostalgia[55].
- E para nós também. Depois, vamos marcar um *movie*, para um *chat*.

Alexandre havia retornado para o país há pouco, tinha um sotaque engraçado e falava ainda umas palavras em inglês.

- *Não me lembro dele, mas com certeza é meu tio, é a cara da mamãe! As roupas dele são dos EUA, que irado! Será que ele trouxe alguma coisa para mim de presente?*
- Jô, inclusive eu trouxe umas lembrancinhas para vocês, mas me esqueci de trazer hoje.
- Tudo bem, não se preocupe. Agora, não faltarão oportunidades.
- *Já estava maneiro ter um tio, com presentes ficou melhor ainda.*
- E aí, Xandão? Como você está? – Carlos entra na sala e vai direto cumprimentando seu cunhado.
- Tudo ok!

Toca a campainha novamente, e agora só pode ser o Fernando, sua esposa e seus dois filhos pequenos. Leo até gostava do seu padrinho, apesar de ele ser um pouco sério, ele sempre dava presentes poderosos no seu aniversário, mas não suportava as crianças, porque sempre ficavam no seu quarto brincando, faziam uma zona e ele ainda tinha que tomar conta, o que era pior.

Depois dos cumprimentos, todos se acomodam na sala, com exceção de Joana, que termina o almoço na cozinha, e da esposa do Fernando, Carla, que a ajuda.

---
55 Nostalgia: saudade

Carlos serve um licor para abrir o apetite e os três se sentam e iniciam uma conversa sobre amenidades. Leo tenta participar, só tenta, pois seu pai frustra sua tentativa.

- Leo, leve as crianças para seu quarto e dê uns brinquedos para que eles se distraiam.

Leo pensou em retrucar, mas seu pai o olhou com uma cara de "não discuta", e ele lembrou como o almoço era importante para ele.

- Tudo bem, pai. Venham comigo.

Essa situação prendeu Leo em seu quarto. Poderia até deixar as crianças sozinhas e participar da "conversa de adulto" com seu pai, mas ponderou:

- *Meu pai disse para trazê-los aqui, não ficar com eles, então eu posso voltar para sala, mas... se eu for, eles podem destruir meu quarto e meus brinquedos. Que dúvida?*

Depois de pensar muito, durante cinco segundos, Leo resolveu "proteger seu patrimônio", e ficou no quarto até sua mãe chamar para o almoço, depois de uma meia hora.

Quando Leo chega, encontra a mesa pronta e toma um susto. Tem vontade de perguntar para sua mãe se foi a Déa que preparou o almoço, mas percebe que seria falta de educação. Um salmão enorme cozido envolto em champignons e alcaparras e um arroz com uns verdinhos que pareciam ser brócolis. Realmente, era um dia especial, pois sua mãe não prepararia tamanho banquete para uma situação qualquer.

Na mesa, Leo procurou sentar ao lado de seu tio. Sua aparência jovem, de uns quase trinta anos, elegante e que bem demonstrava sucesso, o hipnotizava. Durante o almoço, mais amenidades, Joana e Carla queriam que Alexandre contasse sobre os dez anos de vida no exterior e suas aventuras. Todos ouviam atentamente, especialmente Leo, as vitórias e derrotas que Alexandre viveu. Leo ficou vidrado quando Alexandre contou que, em uma de suas poucas férias, viajou de moto pelo país, durante um mês, indo de Los Angeles até Boston, e também do dia em que encontrou a Cameron Diaz, quando entregou uma pizza para ela, seu trabalho na época.

Quando todos terminaram, os três homens se deslocaram para a varanda do apartamento, onde havia uma mesinha, e aparentemente, iriam iniciar as conversas sérias sobre negócios. Joana e Carla começaram a retirar a mesa e dispensaram a ajuda de Leo, o que o deixou feliz, por um momento.

- Leo, leve as crianças para o seu quarto novamente.
- Sim, mãe, eu levo. – responde totalmente desmotivado.

Enquanto Joana e Carla, depois de lavar a louça, falavam sobre seus trabalhos e suas famílias; Carlos, Fernando e Alexandre conversavam animadamente sobre suas ideias, e Leo passou mais duas horas cuidando das duas criancinhas em seu quarto e ficou imaginando como ia a conversa de seu pai e os outros dois.

* * *

- Leo!

Leo escuta seu nome sendo chamado, mas está muito distante.

- Leo! Venha aqui!

É a voz de sua mãe. Será que ele está sonhando novamente? Resolve levantar. Caminha lentamente para a sala, olha para o relógio.

- *Caramba, já são seis horas!*
- Meu filho, venha aqui! – Joana o chama com uma das mãos, enquanto abraça Carlos.
- O que houve? – Leo não sabe o porquê da euforia.

Leo se aproxima do casal.

- Meu filho, uma ótima notícia, seu pai fechou negócio. – Joana se antecipa a Carlos, que estava prestes a contar a novidade.
- É mesmo?! – a notícia o desperta imediatamente.
- É verdade, filho. Seu tio Alexandre juntou um enorme capital nos EUA, e, agora que voltou para o Brasil, quer investir em novos negócios. Nós passamos a tarde discutindo ideia, e estamos decidindo sobre algumas opções, mas podemos considerar negócio fechado.
- Que maneiro! Poxa, pai, hoje de manhã eu iria comentar que há muito tempo não via você empolgado como estava no computador, fazendo sua pesquisa. Dá para perceber a mudança.
- É verdade, eu também percebi e só por isso eu já estava super feliz! – Joana concorda.
- Pai, quer dizer que você largará o Jaques e o seu emprego?
- Isso mesmo. Vou estruturar o negócio, com o Fernando e o Alexandre, e, quando estiver tudo pronto, provavelmente, terei de me dedicar integralmente ao novo negócio e pedirei demissão da firma. – Carlos conta os passos futuros e não

demonstra tristeza com a parte da demissão.

- Pai, eu acho que é isso mesmo, quando não estamos felizes com determinada situação, nós devemos buscar modificá-la, não adianta ficar por aí reclamando. Chama-se iniciativa.

Carlos não responde nada, somente olha duplamente orgulhoso para Leo. Duplamente, pois é recíproco, e depois se abraçam. Joana abraça os dois em seguida. Nada como uma novidade para movimentar uma família.

Leo tem uma enorme curiosidade e pede para seu pai contar os detalhes. Carlos inicia a narração e pula a parte técnica, colocando que seria bom que ele tivesse noções de empreendedorismo. Depois, de uma meia hora, Carlos termina sua narração com a mesma frase que disse anteriormente:

- ... e estamos decidindo sobre algumas opções, mas podemos considerar negócio fechado.

- Legal, pai, e pensar que eu dormi esse tempo todo. Vou entrar na net para contar para a minha galera.

Leo dá um beijo e um abraço no pai, se despedindo e caminhando para o quarto, quando sua mãe o interrompe:

- Ah, Leo, o seu padrinho pediu desculpas e disse que comprará outro para você, mas...

- O que foi, mãe?

- Os gêmeos quebraram um carrinho seu. – Joana conta, toda sem graça.

- Quê? Espero que não tenha sido a Hummer.

- Você sabe que é o carrinho de que eles mais gostam...

- Não acredito! Não posso dormir um pouquinho... – e sai em direção ao quarto, reclamando sozinho.

* * *

CAPÍTULO 27

Leo chega ao seu quarto e vai direto à prateleira onde mantém, com todo cuidado do mundo, sua coleção de carrinhos em miniatura. Dentro da coleção, pela qual alimenta um grande carinho, sua maior paixão é exatamente a Hummer H2. Ela está sobre a prateleira, parece intacta, mas quando ele a pega, a roda dianteira da esquerda cai no chão.

- Caramba, vou ter que levar para consertar, esse acerto eu não sei fazer. Olha os demais.
- *Pelo menos, o resto parece inteiro.*

Resolve entrar na internet para desabafar com alguém e contar as novidades sobre seu pai.

- Sid, você está *on-line*? – procura seu melhor amigo.
- Falaí, Leo!
- Poxa, cara, estava super feliz com uma parada e aí descobri que os filhos do meu padrinho destruíram minha Hummer.
- Logo a Hummer! Eles não podiam brincar com qualquer outro carrinho?
- Pois é, mas são pequenos, sabe como são esses pirralhos, e só ficam quietos se brincarem com meus carrinhos, e a Hummer é a mais bonita.
- Mas tem conserto?
- Acho que sim.
- E por que você estava feliz?
- Ah, já ia esquecendo. Meu pai vai abrir um negócio.
- Show! E vai abrir o quê?
- Ele não sabe ainda, mas vai ter que sair do emprego dele.
- E não é perigoso?
- Ah, sei lá. Meu pai está, há algum tempo, chateado com o trabalho. Ele não cresce, não aumentam o salário dele, essas coisas.
- Entendo. Mas essa notícia é show, hein? Não acredito que depois dela, você ficou chateado porque duas crianças quebraram um carrinho seu, que tem conserto!

- Você sabe que essa coleção de carrinhos é meu xodó.
- Eu sei, mas não é a sua vida. Você vai pegar a Hummer, levar para consertar e depois tudo volta ao normál. Esse momento do seu pai é único, você deve comemorar, tem motivo para ficar feliz e não o contrário.
- Pensando bem, você tem razão. Realmente, tenho que ficar muito feliz pelo meu pai. Há algum tempo, ele tem andado triste e agora precisa ver como está alegre, motivado. Para ele, as coisas estão começando a dar certo.
- Para vocês. O sucesso do seu pai vai respingar na sua mãe e em você também.
- É verdade, dava para ver que minha mãe estava mais feliz também hoje. Fez até um almoço irado. Eu nunca tinha comido um prato dela tão bom. Até agora, eu acho que foi a Déa que fez.
- Show! Você pode achar sua mãe uma chata, mas eu me amarro nela, é sempre maneira comigo.

A frase que Sid digitou fez Leo lembrar da conversa que está devendo à sua mãe e pesar o quanto ela merece. Lembrou do sonho que teve e pensou: *"Poxa, no sonho parecia tão fácil!"*.

- Eu não acho ela chata!
- Leo, é o que eu concluo com tudo que você me fala.
- Algum dia, eu disse para você que ela é chata?
- Não com essas palavras, mas quase todo dia você fala: minha mãe me perturba, me controla, fica me perguntando tudo o tempo todo. Para mim, isso é ser chata.

Bate um peso na consciência de Leo. Seria fácil culpar a leitura de Sid, mas com essas informações todas, não existe outra conclusão possível.

- É, realmente, eu tenho reclamado muito da minha mãe com você.
- Reclamar, eu também reclamo da minha. Mãe por definição é chata mesmo. Eu acho que é algum problema no cordão umbilical. A maneirisse está no cordão e, quando ele é cortado, no momento em que

nascemos, as mães perdem o "efeito ser maneiro" com a gente. Mas o problema real é que você SÓ reclama, você não acha que ela merece uma moral, uma consideração.

E agora mais essa. Foi forte demais! Leo se sente o pior de todos os filhos e resolve dar um fim em sua angústia.

- Sid, preciso ir.
- Calmaí! Você acha que peguei pesado contigo? Foi mal!
- Não, relaxa! O problema é comigo. Tenho que ir para resolver uma parada. Fui!

Leo nem espera a despedida de Sid, e nem desliga o computador. Existe algo que ele tem adiado e agora domina cem por cento de seus pensamentos e, quando isso acontece, as pessoas devem resolver seus dilemas.

* * *

CAPÍTULO 28

Leo sai do seu quarto e é pura disposição. Entra na sala, encontra seu pai sentado no sofá, vendo o seu programa de variedades de domingo à noite.
- Pai, cadê a mamãe?
- Eu acho que está no nosso quarto, filho.

Leo dá meia volta, em direção ao quarto dos pais. Chega à frente da porta, que está fechada, respira fundo, procura a coragem que há pouco o alimentava. Abre a porta vagarosamente.
- Mãe?

O quarto está vazio, procura no banheiro da suíte, também não há ninguém. Quando isso acontece conosco, respondemos de dois modos possíveis: falamos para nós mesmos "fiz a minha parte" e desistimos, ou "não vou desistir, tenho que resolver esta parada". Leo opta pela segunda resposta. Retorna para a sala.
- Não está no quarto não, pai.
- Ah, filho, então deve estar na varanda – Carlos responde sem saber da importância da informação para Leo, ainda com os olhos grudados na televisão.

Leo passa por cima das pernas de seu pai, que repousam sobre a mesinha de centro e entra na varanda, onde encontra sua mãe, com os cotovelos sobre o gradil da varanda, olhando para a movimentação da rua. Antes de falar qualquer coisa, Leo observa sua mãe, seu olhar está perdido, observa os carros e pessoas que se movimentam na rua, mas aparentemente nada específico, permite que as imagens entrem por seus olhos sem resistência ou julgamento. Porém, sua aparência não transmite tristeza, mas tranquilidade, uma mistura de alívio e quietude. Leo resolve iniciar uma conversa boba, para encontrar depois o melhor meio de colocar as palavras que pretende.
- Oi, mãe! O que está fazendo?

Joana vira seu rosto lentamente, e Leo percebe definitivamente que sua mãe está emocionada, mas não triste.
- Estou olhando as pessoas andando na calçada, atravessando a rua, levando o cachorro para passear,...
- Que programa maneiro, hein. Deve estar emocionante! – Leo ironiza, mas para criar um clima de aproximação e não para menosprezar.

- Estava aqui olhando a rua, e pensando que cada pessoa lá embaixo tem uma vida singular. Você sabe o que isso quer dizer?
- Não.
- Todas as pessoas lá embaixo são diferentes umas das outras, e diferente de nós. Isso é ser singular. Cada uma, assim como você, é única, possui sua cabeça, seus valores pessoais, seus sonhos, seus problemas... – Joana não vê necessidade de mais exemplos, pois percebe que Leo já entendeu e começa a pensar junto com ela.
- Leo, passei uns tempos muito difíceis, seus problemas na escola, os problemas no trabalho de seu pai, a minha relação de marido e esposa com ele também não estava boa. Em vários momentos, me senti cansada, sozinha, frustrada pela incapacidade de resolver os meus problemas e os dos outros. Hoje, eu estou muito feliz, pois se todos os problemas não estão totalmente resolvidos, estão bem encaminhados. Eu me senti assim, depois que seu pai me deu a notícia do futuro negócio, e aí vim para a varanda e fiquei olhando as pessoas andando de um lado para o outro, e pensei que cada uma delas está passando ou passará por momento difíceis e terá os mesmos sentimentos.
- É mãe, mas a vida é assim. – Leo se solidariza.
- Quando olhei todas essas pessoas, eu não pensei que a vida é dura com elas, que a "vida é assim".

Leo olha com espanto para sua mãe, e fica curioso em saber o que ela pensou.

- Pensei que seria bem mais fácil atravessar essas dificuldades, se elas se ajudassem, se NÓS ajudássemos uns aos outros. Por que muitas vezes economizamos em uma palavra de afeto? Por que diversas vezes não ouvimos com os ouvidos e com o coração? Por que temos medo de sermos sinceros?

As palavras de sua mãe tocam o coração de Leo em cheio e aumentam sua culpa.

- Mãe, eu queria falar com você sobre isso – Leo faz uma pausa, e Joana dá um empurrãozinho.
- Pode falar, meu filho.
- Eu, hoje, me sinto muito melhor, pois não tenho dado trabalho para vocês e para os professores na escola. Os encontros com o Fred me ajudaram muito, e meu comportamento mudou.

Joana concorda com a cabeça, mas não fala nada, não quer quebrar o clima.

- Tenho observado melhor como as coisas funcionam, entendendo as regras. Eu consegui até participar bem da "conversa de adulto" naquele dia, lembra? – Joana

continua concordando - Mas, tem uma coisa que faz com que eu me sinta mal.
- E o que é, Leo?
- Existiram pessoas, durante esse tempo, que me ajudaram bastante, o Fred foi uma, como já falei, o Sid, o papai...mas eu me sinto culpado de não me abrir com a senhora – Leo abaixa a cabeça, tem dificuldade de olhar nos olhos de sua mãe, nesse momento.
- Não fique assim...
- Mamãe, queria te dizer que eu te amo muito, que não é de propósito.

Joana levanta o rosto de seu filho e percebe que seus olhos estão marejados[56], assim como os dela.
- Leo, eu também te amo muito! E devo te pedir desculpas. É tão difícil ser mãe, porque nós amamos demais. Ser pai e mãe tira o que há de melhor e de pior de dentro da gente. Eu sei que sou controladora, que faço chantagens, mas também não é de propósito. Desculpe!

Mãe e filho se abraçam e choram juntos por algum tempo. Os olhos exalam lágrimas, como se seus corações expulsassem todo ressentimento e distância que havia entre eles.
- Leo, te juro que tentarei ser uma mãe diferente, menos...eu!
- Não! Você é uma ótima mãe! Vou buscar te entender melhor. Eu vim aqui te dizer que me esforçarei para te entender e conversar mais com você.

Mais um abraço. Agora, que já aliviaram seus corações, as lágrimas são de alegria.
- O Fred é fogo mesmo!
- Por que, Leo?
- Ele disse que no dia que eu encontrasse algo que tivesse muito valor para mim, eu choraria, e ele acertou em cheio. Para mim, foi MUITO importante te falar isso tudo.
- E para mim também. Poderíamos dizer que o Fred não era seu instrutor de ética, mas nosso. Ele também me ajudou muito, foi o primeiro a dizer que eu fazia chantagens com você, abriu minha visão. A partir disso eu comecei a refletir e tentei mudar algumas atitudes.
- Ele me disse, em nossa última sessão, que nosso problema – Leo com os dedos aponta para si e para sua mãe – era um dilema afetivo e não um dilema moral, pois não envolvia valores racionais de convívio, mas questões emocionais.

Joana observa e, agora que se criou uma abertura, pode aprender com seu filho.

---

56 Marejados: cheio de lágrimas

- Mas pensando bem, acho que é um dilema ético também, pois, eu não tinha me movimentado para te ajudar, não tive uma atitude que buscasse a sua felicidade.

- E isso é ética? A busca pela felicidade?

- Sim. Na verdade, podemos começar por Protágoras. Veja eu não saberia o quanto você estava triste com a situação, pois você é diferente de mim, e a tristeza é relativa.

- Ahhh... – Joana demonstra interesse em aprender com seu filho, enquanto os dois sentam nas cadeiras disponíveis na varanda, e Leo demonstra querer iniciar sua palestra.

- Mas se eu pudesse resumir, diria algo parecido com Aristóteles:

> **"Uma vida ética é aquela vivida com virtude,**
> **quando se busca a própria felicidade**
> **e a de nossos semelhantes."**

Os dois passam algumas horas conversando sobre os conceitos de ética aprendidos pelo menino. Porém, são as primeiras horas dentre muitas em que mãe e filho conversarão sobre ética, sobre outros assuntos ou simplesmente conversarão, a partir de agora.

BIBLIOGRAFIA

ARISTÓTELES. *Ética a Nicômaco*. São Paulo: Martin Claret, 2007.
BATISTA, Flavio Donizete. *A Virtude e a Felicidade em Aristóteles*. Café Filosófico no Paroquial. Paranavaí. Paraná
BOFF, Leonardo. *Ética e Moral: a busca dos fundamentos*. Petrópolis: Vozes, 2003.
COBRA, Rubem Queiroz: Página de Filosofia Moderna. *Immanuel Kant*: Vida, filosofia e obras de Immanuel Kant. In: http://www.cobra.pages.nom.br/fmp-kant.html
Coleção Os Pensadores: Aristóteles – Vida e Obra. Editora Nova Cultural LTDA. São Paulo 1996.
DALAI-LAMA. Maria Luiza Newlands, *Uma ética para o novo milênio*. Rio de Janeiro: Sextante, 2006.
FURROW, Dwight. Fernando José R. da Rocha, *Ética*: conceitos-chave em filosofia. Porto Alegre: Artmed, 2007.
GAARDER, Jostein. João Azenha Jr, *O mundo de Sofia*: romance da história da filosofia. São Paulo: Companhia das Letras, 1995.
GROSS, Ronald. Clóvis Marques, *À maneira de Sócrates*: sete segredos para utilizar ao máximo sua mente. Rio de Janeiro: Best Seller, 2005.
KIDDER, Rushworth M. Sônia Augusto, *Como tomar decisões difíceis*: muitas vezes na vida você tem que escolher entre o certo e o certo. São Paulo: Editora Gente, 2007.
LA TAILLE, Yves de. *Moral e Ética*: dimensões intelectuais e afetivas. Porto Alegre: Artmed, 2006.
LEITE, Flamarion Tavares. *10 lições sobre Kant*. Petrópolis: Vozes, 2007.
MARCONDES, Danilo. *Textos Básicos de ética*. Rio de Janeiro: Jorge Zahar, 2007
MARIAS, Julián. (Edição - em que procuramos manter o estilo oral - de conferência de Julián Marías, que, como se sabe, não se vale de texto escrito. Conferência do curso "Los estilos de la Filosofía", Madrid, 1999/2000. Edição: Jean Lauand. Tradução: Elie Chadarevian / http://www.hottopos.com
POMBO, Olga. Departamento de Educação da Universidade de Lisboa, *História e Filosofia da Educação*: Licenciatura em Ensino das Ciências. In: http://www.educ.fc.ul.pt/docentes/opombo/hfe/momentos/escola/sofistas/protagoras.htm

ROCHA, Bruno Perrone. Fichas de Estudo. In: Revolução Francesa. Rio de Janeiro. 2001.

SANTO AGOSTINHO. Nair de Assis Oliveira, *O Livre-arbítrio*. São Paulo: Paulus, 1995.

SANTO AGOSTINHO. *Confissões*. Tradução do Original Latino por J. Oliveira Santos e A. Ambrósio de Pina. Livraria Apostolado da Imprensa, 1948, Porto, Portugal.

SANTO AGOSTINHO. *A Cidade de Deus*. Tradução de Oscar Paes Leme. Editora das Américas. 1961, São Paulo.

SAVATER, Fernando. Mônica Stahel, *Ética para meu filho*. São Paulo: Editora Planeta do Brasil, 2005.

VALLS, Álvaro L.M. *O que é ética*. São Paulo: Brasiliense, 2006.

Crase não é um Bicho-de-Sete-Cabeças

Autor: Sérgio Simka
120 páginas
1ª edição - 2009
Formato: 16 x 23
ISBN: 9788573937671

Sempre que abrimos uma gramática, vemos mais ou menos a mesma explicação: crase, do grego crasis, é a fusão de duas vogais... Essa definição – além de pouco prática – não ajuda a entender esse recurso importantíssimo de nossa língua. Pior ainda: há quem diga que nunca aprenderá a usar crase.
Seja porque houve professores mal preparados em seu caminho, seja porque a crase sempre lhe pareceu um mistério insolúvel, aquele que gostaria de aprender, mas não conseguiu, sempre encontrará dificuldades com crase. E não serão poucas as vezes em que terá de enfrentá-la. Ora, por que aprender Português tem sempre de ser tão difícil? Por que aprender Português não pode ser divertido?
Em linguagem bastante simples e acessível a todos os públicos, Crase não é um Bicho-de-sete-cabeças explora os usos desse importante recurso da escrita sem, no entanto, trazer a linguagem desnecessariamente enfadonha dos manuais de gramática, que tanto afastam quem quer começar a aprender e quem deseja compreender melhor esta nossa riquíssima Língua Portuguesa. Se houve, algum dia, receio quanto ao estudo da crase... isso acabou. Este será seu livro de cabeceira.

À venda nas melhores livrarias.

EDITORA
CIÊNCIA MODERNA
WWW.LCM.COM.BR

PORTUGUÊS Não É um BICHO-DE-SETE-CABEÇAS

Autor: *Sérgio Simka*

144 páginas - 1ª edição- 2008
ISBN: 978-85-7393-662-9
Formato: 14 x 21

Se você vive perdendo a cabeça por causa das dúvidas de português, seus "pobremas", opa, problemas acabaram. Este livro pretende mostrar, de maneira bem despojada, cheia de humor, que as regras da gramática podem conviver pacificamente com os neurônios de quem pôs na cabeça que português é difícil, deixando claro que conhecer o próprio idioma é dispor de um instrumento para a ascenção, ops. ascensão profissional. "Português não é um bicho-de-sete-cabeças", certamente, vai fazer a sua cabeça, pois apresenta a língua portuguesa de um modo que você jamais viu.

À venda nas melhores livrarias.

Impressão e acabamento
Gráfica da Editora Ciência Moderna Ltda.
Tel: (21) 2201-6662